中学物理教学与课堂实践研究

张　帆　刘定发　陈雪梅　著

汕頭大學出版社

图书在版编目（CIP）数据

中学物理教学与课堂实践研究 / 张帆，刘定发，陈雪梅著. -- 汕头 : 汕头大学出版社，2023.6
ISBN 978-7-5658-5070-7

Ⅰ. ①中… Ⅱ. ①张… ②刘… ③陈… Ⅲ. ①中学物理课—课堂教学—教学研究 Ⅳ. ①G633.72

中国国家版本馆 CIP 数据核字（2023）第 126231

中学物理教学与课堂实践研究

ZHONGXUE WULI JIAOXUE YU KETANG SHIJIAN YANJIU

作　　者：张　帆　刘定发　陈雪梅
责任编辑：郭　炜
责任技编：黄东生
封面设计：刘梦杳
出版发行：汕头大学出版社
　　　　　广东省汕头市大学路 243 号汕头大学校园内　邮政编码：515063
电　　话：0754-82904613
印　　刷：廊坊市海涛印刷有限公司
开　　本：710mm × 1000mm　1/16
印　　张：11.75
字　　数：190 千字
版　　次：2023 年 6 月第 1 版
印　　次：2024 年 3 月第 1 次印刷
定　　价：58.00 元
ISBN 978-7-5658-5070-7

前言

物理是一门专业性较强的学科，其知识内容多、难度大，注重对物理模型的建立、物理过程的分析，对理解、分析、推理等能力的要求高，注重运用数学知识解决物理问题的能力。

新课程对高中物理教学的育人理念、教学方法以及教学过程等都提出了新要求。新课程要求教师更新自己的育人理念，不能只停留在知识层面上，更要加强培养高中生的个人能力与素养。因此，教师要切实践行素质教育理念，坚持立德树人，注重高中生德、智、体、美、劳的全面发展。新课程要求教师不能再主导物理课堂，要积极“让位”，让高中生在物理课堂上动眼观察、动手操作、动脑思考、开口交流，真正地让学生在课堂上学起来、动起来、乐起来，充分体现对知识的渴望，焕发追求知识的活力。新课程要求教师改变学生在物理课堂上的认知过程。物理课与现代科学技术紧密联系，所以在高中物理教学中要充分融入信息、网络、多媒体技术等高科技元素，让学生在直观思维、切身体验中充分调动个人主观能动性，为物理课堂教学提供强大的科技支持。

教师须响应新课程要求，创新教育教学理念，将先进的教学理念融入物理课堂教学，与此同时，也需要创新教学策略，激发学生的学习兴趣，不断创新提问方式，提高物理课堂的教学质量，实现有效、高效教学。

基于此，本书以物理教学为主线，对中学物理教学的基础理论进行了系统全面的论述，对中学物理教学的内容、目标、教学过程及原则等展开详细的探讨，进一步对中学物理教学方法的选择与实践应用进行了探究，多维度地探究了中学物理课堂教学设计的实践与创新研究，探讨了中学物理课堂教学策略的实践运用研究，并对中学物理课堂教学评价展开了多维度的探究。

本书具有以下三个特点。

(1) 理论性。本书在从经验走向理论方面做了有益的尝试，例如，解读物理核心素养、阐述教学过程理论、建立课堂教学评价量表。

(2) 实践性。本书在物理概念教学，尤其是物理课堂教学设计章节，充分凸显了教材的实践性，为中学物理教学设计提供了优秀范本。

(3) 可读性。本书理论丰富且通俗易懂、案例浅显却蕴含深意，不仅可作为教师教学的依据，也是学生学习的参考文本。

目录

CONTENTS

第一章　中学物理教学概述

第一节　中学物理教学目标

高中物理课程是普通高中自然科学领域的一门基础课程，旨在落实立德树人的根本任务，进一步发展学生的物理核心素养，为学生的终身发展奠定基础，促进人类科学事业的传承与社会的发展。高中物理课程在义务教育的基础上，帮助学生从物理学的视角认识自然，理解自然，建构关于自然界的物理图景；引导学生经历科学探究过程，体会科学研究方法，养成科学思维习惯，增强创新意识和实践能力；引领学生认识科学的本质以及科学、技术、社会、环境的关系，形成科学态度、科学世界观和正确的价值观，为做有社会责任感的公民奠定基础。

高中物理课程应在义务教育的基础上，进一步促进学生物理核心素养的养成和发展。通过高中物理课程的学习，学生应达到如下目标。①

（1）形成物质观念、运动与相互作用观念、能量观念等，能用其解释自然现象和解决实际问题。

（2）具有建构模型的意识和能力，能运用科学思维方法，从定性和定量两个方面对相关问题进行科学推理、找出规律、形成结论；具有使用科学证据的意识和评估科学证据的能力，能运用证据对研究问题进行描述、解释和预测；具有批判性思维的意识，能基于证据大胆质疑，从不同角度思考问题，追求科技创新。

（3）具有科学探究意识，能在观察和实验中发现问题、提出合理猜想与假设；具有设计探究方案和获取证据的能力，能正确实施探究方案，使用不同方法和手段分析、处理信息，描述并解释探究结果和变化趋势；具有交流

① 张军朋．中学物理教学设计 [M]. 广州：广东教育出版社，2022：52.

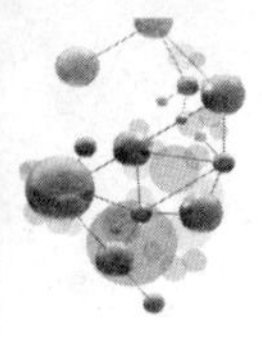

的意愿与能力，能准确表述、评估和反思探究过程与结果。

(4) 能正确认识科学的本质。具有学习和研究物理的好奇心与求知欲，能主动与他人合作，尊重他人，能基于证据和逻辑发表自己的见解，实事求是，不迷信权威。关心国内外科技发展现状与趋势，了解物理研究和物理成果的应用应遵循道德规范，认识科学、技术、社会、环境的关系，具有保护环境、节约资源、促进可持续发展的责任感。

第二节　中学物理教学内容

一、概述

物理学是一门基础自然科学，它研究的是物质的基本结构、最普遍的相互作用、最一般的运动规律以及使用的实验手段和思维方法。随着人类对物质世界认识的深入，物理学一方面带动了科学和技术的发展，另一方面推动了文化、经济和社会的发展。经典物理学奠定了两次工业革命的基础，近代物理学推动了信息技术、新材料技术、新能源技术、航空航天技术、生物技术等的迅速发展，继而推动了人类社会的发展。

(一) 课程性质

高中物理是普通高中科学学习领域的一门基础课程，与九年义务教育物理或科学课程相衔接，旨在进一步提高学生的科学素养。

高中物理课程有助于学生继续学习基本的物理知识与技能，体验科学探究过程，了解科学研究方法，增强创新意识和实践能力，发展探索自然、理解自然的兴趣与热情，认识物理学对科技进步以及文化、经济和社会发展的影响，为终身发展、形成科学世界观和科学价值观打下基础。

(二) 课程的基本理念

1. 在课程目标上注重提高全体学生的科学素养

高中物理课程旨在进一步提高学生的科学素养，从知识与技能、过程与方法、情感态度与价值观三个方面培养学生，为学生终身发展、应对现代

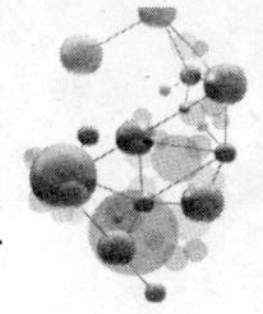

社会和未来发展的挑战奠定基础。

2. 在课程结构上重视基础，体现课程的选择性

普通高中教育仍属于基础教育，应注重全体学生的共同基础，同时，应针对学生的兴趣、发展潜能和今后的职业需求，设计供学生选择的物理课程模块，以满足学生的不同学习需求，促进学生自主地、富有个性地学习。

3. 在课程内容上体现时代性、基础性、选择性

高中物理课程在内容上应精选学生终身学习必备的基础知识与技能，加强与学生生活、现代社会及科技发展的联系，反映当代科学技术发展的重要成果和新的科学思想，关注物理学的技术应用带来的社会问题，培养学生的社会参与意识和对社会负责任的态度。

4. 在课程实施上注重自主学习，提倡教学方式多样化

高中物理课程应促进学生自主学习，让学生积极参与、乐于探究、勇于实验、勤于思考。通过多样化的教学方式，帮助学生学习物理知识与技能，培养其科学探究能力，使其逐步形成科学态度与科学精神。

5. 在课程评价上强调更新观念，促进学生的发展

高中物理课程应体现评价的内在激励功能和诊断功能，关注过程性评价，注意学生的个体差异，帮助学生认识自我、建立自信，促进学生在原有水平上发展。通过评价还应促进教师教学水平的提高以及教学实践的改进等。

（三）课程结构及课程模块说明

1. 高中物理课程结构

高中物理课程由12个模块构成，每个模块占2个学分，其中，物理1和物理2为共同必修模块，其余为选修模块。学生完成共同必修模块的学习后，可获4个学分，接着必须再选择学习一个模块，以便完成6个必修学分的学习任务。在获得6个必修学分后，学生还可以根据自己的兴趣、发展潜力以及今后的职业需求继续学习若干选修模块。①

在本课程的必修与选修模块设置中，有以下几条基本设置思路。

（1）在共同必修模块物理1和物理2中，学生通过对物体运动规律、相

① 周兆富．中学物理教学研究[M]．西安：陕西科学技术出版社，2021：88.

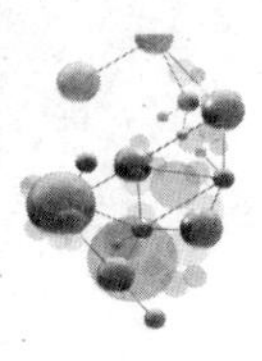

互作用、能量等核心内容及相关实验的深入学习，进一步体会物理学的特点和研究方法，了解自己的兴趣和发展潜能，为后续课程的选择和学习做准备。

（2）本课程不仅通过选修模块体现了课程的选择性，而且在必修模块中为学生有个性的发展提供了机会。学生完成共同必修模块学习后，已获4个必修学分，余下的2个必修学分可以通过选学后续课程获得。

（3）完成必修学分的学习后，学生可以根据学习兴趣、发展潜能和今后的职业需求选学有关内容。学生最好参照"高中物理课程结构框图"的顺序选择课程，以便循序渐进，为今后的发展奠定基础。学生也可以跨系列选学相关模块，根据需要决定学习某系列模块的先后顺序。

（4）本课程是为大多数高中学生发展设置的国家课程，为了让学有所长的学生更充分地发展，我们建议学校根据具体情况开设相关的课程，如"物理实验专题""物理专题研修"等，以便进一步提高学生的实验素养，增强学生的创新意识，发展学生的自主学习能力和独立研究能力等。

2. 课程模块说明

（1）共同必修——物理1、物理2。该模块是全体高中学生的共同学习内容。在该模块中，学生通过学习运动描述、相互作用与运动规律、机械能和能源、抛体运动与圆周运动、经典力学的成就与局限性等物理学的核心内容，经历一些科学探究活动，初步了解物理学的特点和研究方法，体会物理学在生活和生产中的应用以及对社会发展的影响，同时，为下一步选学模块做准备。

（2）选修系列——选修1-1、选修1-2。本系列课程模块以物理学的核心内容为载体，侧重物理学与社会的相互关联和相互作用，突出物理学的人文特色，注重物理学与日常生活、社会科学以及人文学科的融合，强调物理学对人类文明的影响。

（3）选修系列——选修2-1、选修2-2、选修2-3。本系列课程模块以物理学的核心内容为载体，侧重从技术应用的角度展示物理学，强调物理学与技术的结合，着重体现物理学的应用性、实践性。

（4）选修系列——选修3-1、选修3-2、选修3-3、选修3-4、选修3-5。本系列课程模块侧重让学生较全面地学习物理学的基本内容，进一步了解物

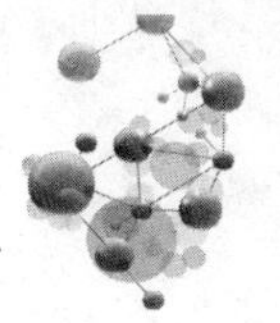

理学的思想和方法，较为深入地认识物理学在技术中的应用以及对经济、社会的影响。

无论哪一组模块，不仅含有物理学概念、规律和实验，而且含有物理与社会发展、物理与技术应用、物理与生活等方面的内容。

二、课程目标

（1）学习终身发展必备的物理基础知识和技能，了解这些知识与技能在生活、生产中的应用，关注科学技术的现状及发展趋势。

（2）学习科学探究方法，发展自主学习能力，养成良好的思维习惯，能运用物理知识和科学探究方法解决一些问题。

（3）发展好奇心与求知欲，发展科学探索兴趣，有坚持真理、勇于创新、实事求是的科学态度与科学精神，有振兴中华、将科学服务于人类的社会责任感。

（4）了解科学与技术、经济和社会的互动作用，认识人与自然、社会的关系，有可持续发展意识和全球观念。

三、教学内容标准

（一）科学探究及物理实验能力要求

物理学是一门以实验为基础的自然科学。在高中物理课程各个模块中都安排了一些典型的科学探究或物理实验。

（二）共同必修模块——物理 1

共同必修模块是为全体学生设计的，旨在引导学生学习基本的物理内容，了解物理学的思想和研究方法，初步认识物理学对科学技术、经济、社会的影响。共有物理 1 和物理 2 两个共同必修模块，共 4 学分。

本模块是高中物理的第一个模块，是共同必修模块。在本模块中，学生将进一步学习物理学的内容和研究方法，了解物理学在技术上的应用和物理学对社会的影响。

本模块的概念和规律是进一步学习的基础，有关实验在高中物理中具

有典型性。学生要通过这些实验学习基本的操作技能，体会实验在物理学中的地位及实践在人类认识世界中的作用。

在本模块中，学生将在学习物理基础知识的同时，初步经历对自然规律的探究过程，从中体会物理学的思想，并在情感态度与价值观方面等受到熏陶。

1. 运动的描述

(1) 内容标准。

①通过史实，初步了解近代实验科学产生的背景，认识实验对物理学发展的推动作用。

任务 1：了解亚里士多德关于力与运动的主要观点和研究方法。

任务 2：了解伽利略的实验研究工作，认识伽利略有关实验的科学思想和方法。

②通过对质点的认识，了解物理学研究中物理模型的特点，体会物理模型在探索自然规律中的作用。

任务 3：认识在哪些情况下可以把物体看成质点。

③经历匀变速直线运动的实验研究过程，理解位移、速度和加速度，了解匀变速直线运动的规律，体会实验在发现自然规律中的作用。

任务 4：用打点计时器、频闪照相或其他实验方法研究匀变速直线运动。

任务 5：通过史实，了解伽利略研究自由落体运动所用的实验和推理方法。

④能用公式和图像描述匀变速直线运动，体会数学在研究物理问题中的重要性。

(2) 活动建议。

①通过实验研究质量相同、大小不同的物体在空气中下落的情况，从中了解空气对落体运动的影响。

②通过查找资料等方式，了解并讨论伽利略对物体运动的研究在科学发展和人类进步上的重大意义。

2. 相互作用与运动规律

(1) 内容标准。

①通过实验认识滑动摩擦、静摩擦的规律，能用动摩擦因数计算摩

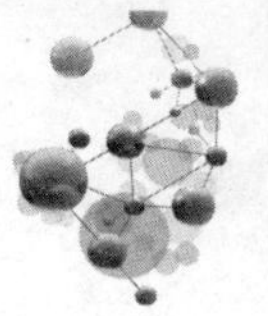

擦力。

②知道常见的形变，通过实验了解物体的弹性，知道胡克定律。

任务 1：调查日常生活和生产中所用弹簧的形状及使用目的（如获得弹力或减缓振动等）。

任务 2：制作一个简易弹簧秤，用胡克定律解释其工作原理。

③通过实验，理解力的合成与分解，知道共点力的平衡条件，区分矢量与标量，用力的合成与分解分析日常生活中的问题。

任务 3：研究两个大小相等的共点力在不同夹角时的合力大小。

④通过实验，探究加速度与物体质量、物体受力的关系。理解牛顿运动定律，用牛顿运动定律解释生活中的有关问题。通过实验认识超重和失重现象。

任务 4：通过实验测量加速度、力、质量，分别做出表示加速度与力、加速度与质量关系的图像，根据图像写出加速度与力、质量的关系式。体会探究过程中所用的科学方法。

任务 5：根据牛顿第二定律说明物体所受的重力与质量的关系。

⑤认识单位制在物理学中的重要意义。知道国际单位制中的力学单位。

任务 6：在等式中给定 $k=1$，从而定义力的单位。

(2) 活动建议。

①调查日常生活和生产中利用静摩擦的实例。

②通过各种活动，如乘坐电梯、到游乐场乘坐过山车等，了解和体验失重与超重。

③根据牛顿第二定律，设计一种能显示加速度大小的装置。

④通过听讲座、看录像等活动，了解宇航员的生活，了解在人造卫星上进行微重力条件下的实验，尝试设计一种在人造卫星或宇宙飞船上进行微重力条件下的实验方案。

(三) 共同必修模块——物理 2

本模块是共同必修模块。在本模块中，学生将通过对机械能、曲线运动的规律和万有引力等内容的学习，进一步了解物理学的核心内容，体会高中物理课的特点和学习方法，为以后进一步学习打好基础，为后续模块的选

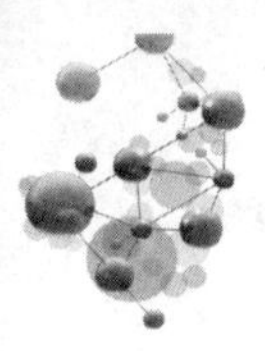

择做准备。

1. 机械能和能源

(1) 内容标准。

①举例说明功是能量变化的量度，理解功和功率。关心生活和生产中常见机械功率的大小及其意义。

任务 1：分析物体移动的方向与力的方向不在一条直线上时力所做的功。

任务 2：分析汽车发动机的功率一定时，牵引力与速度的关系。

②通过实验，探究恒力做功与物体动能变化的关系。理解动能和动能定理，用动能定理解释生活和生产中的现象。

任务 3：用打点计时器或光电计时器探究恒力做功与物体动能变化的关系。

任务 4：用牛顿第二定律导出动能定理。

③理解重力势能。知道重力势能的变化与重力做功的关系。

④通过实验，验证机械能守恒定律。理解机械能守恒定律，用机械能守恒定律分析生活和生产中的有关问题。

⑤了解自然界中存在多种形式的能量。知道能量守恒是最基本、最普遍的自然规律之一。

⑥通过能量守恒以及能量转化和转移的方向性，认识提高效率的重要性。了解能源与人类生存和社会发展的关系，知道可持续发展的重大意义。

任务 5：评价核能为人类带来的好处和可能发生的问题。

(2) 活动建议。

①设计实验，测量人在某种运动中的功率。

②通过查找资料、访问有关部门，收集汽车刹车距离与车速关系的数据，尝试用动能定理进行解释。

2. 抛体运动与圆周运动

(1) 内容标准。

①会用运动合成与分解的方法分析抛体运动。

任务 1：分别以物体在水平方向和竖直方向的位移为横坐标与纵坐标，描绘做抛体运动的物体的轨迹。

②会描述匀速圆周运动。知道向心加速度。

③能用牛顿第二定律分析匀速圆周运动的向心力。分析生活和生产中的离心现象。

任务 2：估测自行车拐弯时受到的向心力。

④关注抛体运动和圆周运动的规律与日常生活的联系。

(2) 活动建议。

①通过查找资料，对比实际弹道的形状与抛物线的差异，尝试做出解释。

②调查公路拐弯处的倾斜情况或铁路拐弯处两条铁轨的高度差异。

3. 经典力学的成就与局限性

(1) 内容标准。

①通过有关事实了解万有引力定律的发现过程。知道万有引力定律，认识发现万有引力定律的重要意义，体会科学定律对人类探索未知世界的作用。

任务 1：通过用万有引力定律发现未知天体的事实，说明科学定律对人类认识世界的作用。

②会计算人造卫星的环绕速度。知道第二宇宙速度和第三宇宙速度。

③初步了解经典时空观和相对论时空观，知道相对论对人类认识世界的影响。

④初步了解微观世界中的量子化现象，知道宏观物体和微观粒子的能量变化特点，体会量子论的建立深化了人类对于物质世界的认识。

⑤通过实例，了解经典力学的发展历程和伟大成就，体会经典力学创立的价值与意义，认识经典力学的适用范围和局限性。

任务 2：了解经典力学对航天技术发展的重大贡献。

任务 3：了解重物下落与天体运动的多样性与统一性，知道万有引力定律对科学发展所起的重要作用。

⑥体会科学研究方法对人们认识自然的重要作用。

任务 4：举例说明物理学的进展对自然科学的促进作用。

(2) 活动建议。

①观看有关人造地球卫星、航天飞机、空间站的录像片。

②收集我国和世界航天事业发展历史与前景的资料，写出调查报告。

(四) 选修模块——选修 1–1

选修课程是在共同必修的基础上为满足学生的学习需求而设计的。选修课程既考虑了学生的基本学习需求，又为学生的进一步发展提供了空间；既为学生设计了适合其兴趣爱好和能力倾向的不同模块，又考虑了不同模块的相互联系和共同要求。

本选修课程由 10 个模块组成，其中，选修 1-1、选修 1-2 侧重物理学与社会科学和人文学科的融合，强调物理学对人类文明的影响；选修 2-1、选修 2-2、选修 2-3 侧重从技术应用的角度展示物理学，强调物理学的应用和实践；选修 3-1、选修 3-2、选修 3-3、选修 3-4、选修 3-5 在注重物理学的应用和社会意义的同时，较系统地介绍物理学内容，进一步强调物理学的研究思想和方法。

物理学的发展是人类文化的重要组成部分，物理学的技术应用在推动人类社会发展的同时引起了资源、环境等问题。在本模块中，学生在学习物理学的内容及其技术应用的同时，将会更多地体会物理学的发展对人类文化、社会的影响，更深入地认识科学、技术与社会的关系。

本模块涉及电磁现象与规律、电磁技术与社会发展、家用电器与日常生活等内容。学生将经历从观察、认识形式多样的电磁现象到构建统一的电磁理论的探究过程，了解这些知识产生的历史背景及由此引发的人类思维、生产方式、生活方式的变革；认识科学技术和社会发展的互动关系，体验科学家不畏艰辛、勇于探索和创新的精神。

1. 电磁现象与规律

(1) 内容标准。

①用物质的微观模型和电荷守恒定律分析静电现象。认识点电荷间的相互作用规律。

②通过实验，认识电场和磁场，会用电场线、电场强度描述电场，会用磁感线、磁感应强度描述磁场，知道磁通量。

任务 1：用电场线描绘两个等量异种点电荷周围的电场。

任务 2：用磁感线描绘通电直导线周围的磁场。

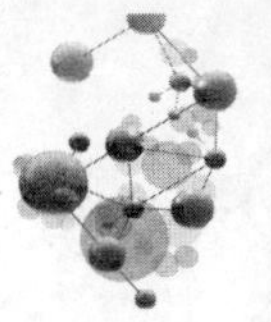

③了解奥斯特、安培等科学家的实验研究对人们认识电磁现象所起的重要作用。知道匀强磁场中影响通电导线所受安培力大小和方向的因素。

任务 3：简述奥斯特实验对揭示电磁规律的重要作用。

④通过实验，认识洛仑兹力。知道影响洛仑兹力方向的因素，了解电子束的磁偏转原理及其在技术中的应用。

任务 4：观察阴极射线在磁场中的偏转。

任务 5：初步了解显像管的工作原理。

⑤收集资料，了解电磁感应定律的发现过程，知道电磁感应定律。列举电磁感应现象在日常生活和生产中的应用，体会人类探索自然规律的科学态度和科学精神。

⑥初步了解麦克斯韦电磁场理论的基本思想，体会其在物理学发展中的意义。初步了解场是物质存在的形式之一。

(2) 活动建议。

对比万有引力定律与库仑定律，讨论自然规律的多样性和统一性。

2. 电磁技术与社会发展

(1) 内容标准。

①收集有关电磁领域重大技术发明的资料。从历史角度认识这些技术发明对人类生活方式、社会发展所起的重要作用。

任务 1：阐述我国古代有关磁现象的研究与发明及其对社会发展的影响。

任务 2：收集爱迪生与电有关的技术发明资料。

任务 3：简述电话对人们生活方式、社会发展所起的重要作用。

②了解发电机、电动机对能源利用方式、工业发展所起的作用。

任务 4：对比热机和电动机的工作原理，讨论从热机到电动机的技术变革对工业发展所起的作用。

③了解常见传感器及其应用，体会传感器的应用给人们带来的方便。

任务 5：知道温度传感器具有将温度信号转变为电信号的作用。

④列举电磁波在日常生活和生产中的广泛应用。了解电磁波的技术应用对人类生活方式的影响，结合日常生活中的具体实例发表见解。

任务 6：讨论通信技术的发展对人类生活方式的影响。

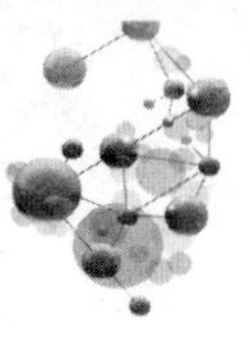

⑤举例说明科学技术的应用对人类现代生活产生的正面和负面影响，对科学、技术及社会协调发展的重要性发表自己的观点。

任务 7：举例说明电磁波的应用对人类生活产生的正面和负面影响。

(2) 活动建议。

①收集资料，举办以“科学、技术与社会”为主题的研讨会或展览。

②调查并讨论手机的使用是否会对人体造成不良影响。

3. 家用电器与日常生活

(1) 内容标准。

①初步了解常见家用电器的基本工作原理，能根据说明书正确使用家用电器。

任务 1：通过观察、查阅资料，了解微波炉的结构和工作原理，能根据说明书正确使用微波炉。

任务 2：通过观察、查阅资料，了解录音机的结构和工作原理，能根据说明书正确使用录音机。

②知道常见家用电器技术参数的含义，能根据需要合理选用家用电器。讨论在家庭中节约用电的多种途径。

任务 3：阅读洗衣机说明书，知道其技术参数的含义。

③识别电阻器、电容器和电感器，初步了解它们在电路中的作用。具有初步判断家用电器故障原因的意识。

④了解家庭电路和安全用电知识，具有安全用电意识。

(2) 活动建议。

①从资源利用、环境保护和社会发展角度，讨论电器不断更新和废旧电器处理等问题。

②参观商场，收集不同品牌、型号的洗衣机的资料，讨论怎样选购洗衣机。

(五) 选修模块——选修 1-2

热现象是人类较早深入研究的一种物理现象，热机的发明和广泛使用开始了人类社会的工业化进程。在当代，能源的利用与资源、环境问题息息相关，是关系到可持续发展的重大问题。

本模块涉及热现象及其规律、热与生活、能源与社会发展。本模块以能量的使用为主线。学生在学习物理学基础知识和方法的同时，认识科学技术与社会发展的互动关系，由此引发的人类思维、生产方式、生活方式的变革，思索科学、技术与社会协调发展的关系，培养可持续发展的意识。

1. 热现象与规律

(1) 内容标准。

①了解分子动理论的基本观点，列举有关实验证据。用分子动理论与统计观点认识温度、气体压强和内能。

任务 1：观察并解释布朗运动。

②了解热力学第一定律。知道能量守恒定律是自然界普遍遵从的基本规律之一。

③通过自然界中热传导的方向性等实例，初步了解热力学第二定律，初步了解其是描述系统无序程度的物理量。

任务 2：尝试用生活中的实例说明热力学第二定律。

④能运用热力学第一、第二定律解释自然界中能量的转化、转移以及方向性问题。

任务 3：讨论第一类永动机和第二类永动机。

(2) 活动建议。

①进行实验，估测油酸分子大小。

②利用互联网收集图片和文字资料，讨论永动机不能“永动”的原因。

2. 热与生活

(1) 内容标准。

①举例说明人们利用内能的不同方式。

任务 1：了解太阳能供电、供热的不同方式。初步了解家用太阳能热水器的新技术。

②认识热机的能量转化与守恒问题。通过能量守恒以及能量转化和转移的方向性，认识提高热机效率的重要性。

任务 2：了解汽车运行时能量的转化与守恒问题。

③了解家用电器制冷设备的基本原理，尝试根据技术参数和家庭需要合理选购家用电器，能根据说明书正确使用家用电器。

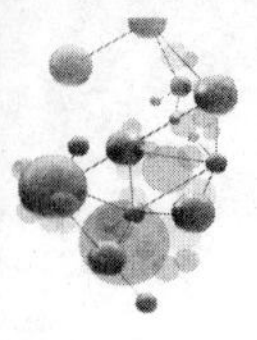

任务 3：了解空调机的技术参数，能根据需要合理选用。

任务 4：知道破坏臭氧层的原因与后果，了解人类为保护臭氧层所做的努力。

(2) 活动建议。

①参观商场，收集不同品牌、型号的空调机的资料，讨论怎样合理选购空调机。

②讨论汽车的广泛使用带来的社会问题。

3. 能源与社会发展

(1) 内容标准。

①认识蒸汽机的发明和应用对人类开发与利用能源产生的影响。初步了解第一次工业革命，认识热机的广泛使用对科学、社会发展以及人类生活方式转变所起的作用。

任务 1：知道瓦特蒸汽机的特点，讨论蒸汽机的应用、发展和创新对物理学研究的促进作用。

任务 2：收集历史资料，讨论蒸汽机在纺织、交通等行业的广泛应用对人类政治、经济、文化和社会等方面的发展产生的巨大影响。

②通过人类利用电能的历史资料，认识有关电磁学的研究成果及其技术应用对人类利用能源产生的影响。初步了解第二次工业革命，了解电能的使用对科学、社会发展以及人类生活方式转变所起的作用。

任务 3：简述电能的使用对社会发展的促进作用。

③初步了解一些典型射线的特性，知道放射现象的应用及防护。了解核技术的应用对人类生活和社会发展的影响。了解爱因斯坦质能方程的含义。知道裂变反应和聚变反应。通过人类利用核能的历史资料，认识核能的开发和利用。

任务 4：了解放射性在医学和农业中的应用。

任务 5：了解我国发展与利用核技术的成就和前景。

任务 6：应用爱因斯坦质能方程说明核反应涉及的能量十分巨大。

④收集资料，讨论能源利用带来的环境污染问题，认识环境污染的危害，思考科学、技术和社会协调发展的关系，知道可持续发展的重大意义，具有环境保护的意识和行动。

任务 7：收集资料，了解核电站放射性废料妥善处理的必要性和方法。

任务 8：收集资料，调查当地大气污染的主要污染源。

任务 9：调查研究，了解造成当地水污染的主要原因。

(2) 活动建议。

①调查一个发电厂的发电量，估算该发电厂每日发电的用煤量需要多少辆大型汽车运输。

②设计利用太阳能取暖的方案，考虑周围环境对太阳能利用的影响，交流、讨论设计方案。

③调查家庭中与热有关的器具的使用情况，讨论如何使用才能节约能源。

④调查当地的能源利用和环境污染情况，分析当地环境的主要污染物和污染源，向有关部门提出保护环境的建议。

(六) 选修模块——选修 2-1

物理学对技术的发展和人类文明的进步起着重要的推动作用。在日常生活中，从交通工具、家用电器到医疗设备等，物理学的技术应用已经深入每个角落。在本模块中，学生要了解一些与技术直接相关的物理学知识，认识一些用科学知识解决技术问题的基本途径；在学习物理内容和技术应用的过程中，加深对科学技术的亲近感，体会科学与技术相互促进又相互制约的关系以及科学技术和社会发展的关系。

电磁现象和电磁规律是物理学研究的重要对象，也是应用最广泛的物理学内容之一。在本模块中，学生将学习与电路和电磁波相关的内容。

1. 电路与电工

(1) 内容标准。

①知道闭合电路的欧姆定律。知道电源的电动势和内阻。观察常见电源，阅读说明书了解它们的主要特点。知道电池对环境的影响。

任务 1：解释用电负荷增加时电灯变暗的原因。

任务 2：讨论锂电池、镍氢电池、镍镉电池的主要特点和各自的适用场合。

②通过实际操作学会使用多用电表。知道多用电表的原理。

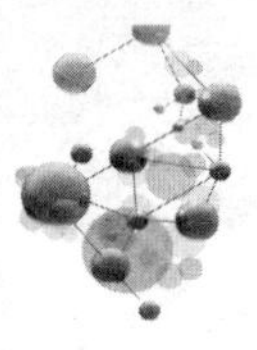

任务 3：以多用电表代替学生用电表进行物理实验。

任务 4：以多用电表为测量工具，判断二极管的正、负极，判断大容量电容器是否断路或者漏电。

③了解电场与电场强度，知道电容器的作用。

④了解磁场、磁感应强度和磁通量。通过实验认识安培力，会判断安培力的方向。

任务 5：观察磁电式仪表的结构，分析其工作原理。

⑤通过实验认识洛仑兹力。了解电子束的磁偏转原理及其在科学技术中的应用。

任务 6：观察阴极射线在磁场中的偏转。

⑥通过实验认识感应电动势的产生条件以及影响感应电动势大小的因素。会判断直导线在磁场中运动时感应电流的方向。列举电磁感应现象在技术中的应用实例。

⑦知道交变电流和三相交变电流。通过实验探究变压器的电压与匝数的关系。说明远距离输电的基本原理。

任务 7：知道交流的峰值、有效值以及它们的关系。

任务 8：知道三相电路的线电压、相电压，知道三相四线制供电。

⑧通过电能的应用，认识物理学对于技术、经济、社会发展的意义。

(2) 活动建议。

①比较超市出售的各种电池充电器的主要技术指标和适用范围。

②了解当地废电池的处理情况，与环保部门联系并建议建立废电池回收站。

③收集几种小型电磁继电器，比较它们的结构，了解它们的适用场合，利用其中的一种设计实用的控制电路。

④通过查找资料，对比直流输电与交流输电的特点，调查国内外直流输电的发展情况。

⑤组装小型变压器。

2. 电磁波与信息技术

(1) 内容标准。

①了解电磁波及其发射、传播和接收原理。知道光的电磁本性和电磁

波谱。举例说明电磁波在社会生活中的应用。

任务 1：比较无线电波中长波、中波、短波、微波的不同传播特点。

②收集资料，了解移动通信的工作模式、常用术语和移动电话的常用功能。

任务 2：了解移动电话的工作原理。

③通过实验或实例了解常见传感器的工作原理，了解传感器在生产、生活中的应用，体会传感器的应用给人们带来的方便。

任务 3：以话筒、电子秤、汽车尾气检测器等为例，了解传感器的作用。认识传感器是将非电学量转换为电学量的器件。

任务 4：利用与计算机相连的传感器进行实时测量，做物理实验。

④了解集成电路的发展及微电子技术对日常生活、经济、社会产生的重大影响。

⑤初步了解电视、广播和电视机的工作模式，知道电视机的主要结构。了解电视、广播技术的新进展。

任务 5：了解高清晰度电视与普通电视的主要区别。

⑥初步了解家用电脑的组成。

⑦知道模拟信号与数字信号的区别。了解信息传播、处理和存储技术的发展。了解网络技术对经济、社会的影响，并能发表自己的见解。

(2) 活动建议。

①用分立元件或集成电路制作收音机。

②制作无线话筒。

③利用传感器制作简单的自控装置。

④观察家用电脑的内部结构。

⑤通过查找资料、向人请教等途径，了解 VCD、DVD、MP3、MPEG 的含义，了解相关的技术原理和使用方法。

(七) 选修模块——选修 2–2

各种传动机构和工作机械的使用方便了我们的生活。热机的使用使人类突破了体力和畜力的局限，在更广阔的领域发展生产力。生活和生产中的各种结构都与人们对力的认识密切相关。在本模块中，学生将学习力、机

械、热、热机等内容。学习时要特别注意与日常生活密切联系的力学结构、机械、热机，还要注意人类对热现象不断深入的认识。

1. 力与机械

(1) 内容标准。

①会区分平动和转动。会描述转动。观察常见的传动装置，了解其作用。

任务 1：通过模型、图片或录像，在冲压机、内燃机、起重机等机械上找出平动变转动或转动变平动的实例。

任务 2：用注射器和胶管制作简易液压传动器，验证力与柱塞横截面积及移动距离的关系。

任务 3：分析变速自行车上坡时怎样调整传动比才能省力。

②通过实验，认识共点力平衡的条件。举例说明共点力平衡的条件在生活和生产中的应用。

③通过实例，了解弹性和范性在技术中的应用。

任务 4：铁轨的截面做成“工”字形，房屋钢架中用管材代替棒材，讨论这样做的目的。

④通过实验，认识刚体的平衡条件，能用刚体的平衡条件分析物体的平衡。

任务 5：分析塔式起重机的最大提升质量与悬臂长度、机身质量、配重质量的关系。

⑤通过实例，认识常见的承重结构及其特点。知道影响稳度的因素。

任务 6：分析农村房屋各种新、旧结构的力学特性及其经济性。

⑥认识机械的使用对于人类社会发展的重要意义。初步了解现代机械的发展概况。

任务 7：收集资料，了解机器人在生产、生活中的应用。

(2) 活动建议。

①观察机床或其他机械、车辆的传动机构。

②收集资料，为常见的各种大、中、小型桥梁的结构分类，从力学的角度讨论它们的特点。

③观察汽车 (或拖拉机) 的变速箱和转向系统。

④参观工厂，调查工厂中各种机械的应用情况。

⑤设计或改进一种机械，使日常生活更方便。

⑥收集资料，了解机器人在生产、生活中的应用。

2. 热与热机

(1) 内容标准。

①了解内燃机、汽轮机、喷气发动机的工作原理。了解内燃机主要技术参数的意义。

任务 1：了解电子控制燃油喷射内燃机的工作原理。

②知道热机的效率及主要影响因素。通过实例，分析能量在热机工作时的流向。知道提高热机效率的方法和途径。

③知道电冰箱和空调机的组成与主要结构，了解其制冷原理。

任务 2：分析冷暖两用空调机的工作原理。

④知道热机对环境的影响。了解减小热机对环境影响的方法。

任务 3：通过资料，调查当地大气污染的主要污染源。

⑤通过热机的发展体会科学技术对于经济、社会进步的意义。关注新型热机的发展趋势。

(2) 活动建议。

①分解农药喷雾器或手扶拖拉机、摩托车的内燃机，了解它们的结构和工作原理。

②查阅资料，对比几种国产汽车内燃机的主要技术参数。

③调查本地使用内燃机的型号、主要技术性能以及近年来发展变化的情况。

④观察汽车 (或拖拉机) 的发动机、冷却系统、供油系统、供气和排气系统。

⑤查阅资料，分析我国近年来汽车尾气排放标准的变化。

⑥调查当地各种大气污染物的污染指数与当日天气、居民取暖情况、汽车流量的关系，分析影响当地大气污染的主要因素。

四、教学建议

教学过程是体现课程理念、实现课程目标的一种创造过程。根据《普通

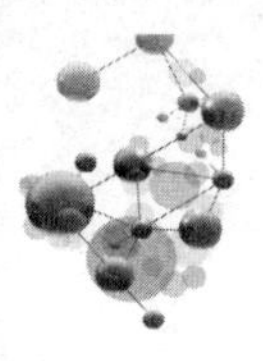

高中物理课程标准》(2017年版)的课程理念和课程目标，结合中学教学的实际情况，提出以下教学建议。提出的建议不追求全面，而是有针对性地强调教学中值得注意的几个问题。

(一)从课程目标的三个维度来设计教学过程

《普通高中物理课程标准》(2017年版)在知识与技能、过程与方法、情感态度与价值观三个维度上，提出了高中物理课程的具体目标。在教学中，课程目标的这三个维度不是相互孤立的，它们都融于同一个教学过程之中。在设计教学过程时，需要从三个维度来构思教学内容和教学活动的安排。例如，在匀变速直线运动的教学中，教师可以让学生提出自己的实验方案来验证对自由落体运动快慢的猜想，提高他们制订科学探究计划的能力；可以用打点计时器研究自由落体运动，在获得知识的同时提高对实验数据的处理能力；可以讨论伽利略对自由落体运动的研究方法，体会科学研究方法对科学发展的意义；可以展示人类在月球上进行的有关实验照片，激发学生探究科学的热情，领略自然规律的普适性；还可以通过对打桩机的重锤下落和高台跳水运动员等自由落体运动实例的讨论，增强学生将物理知识应用于生活和生产的意识。

应该对如何实现高中阶段的物理课程目标有一个总的思考。与初中相比较，高中物理课程无论在知识的深度和广度上，还是在学习方法上都有很大的不同，要增强学生学好物理学的自信心，让学生有一个逐步适应和学会学习的过程。教师应帮助学生，使他们在独立获取物理知识、探究物理规律、解决物理问题等方面获得具体的成果；让学生得到成功的体验，享受成功的愉悦，激发学习的热情。

(二)提高科学探究的质量，关注科学探究学习目标的达成

通过初中课程的学习，学生对科学探究的过程有了一定的体验，并具有了初步的科学探究能力。高中阶段的物理课应该在这个基础上更加关注学生在科学探究过程中的学习质量，进一步加深对科学探究的理解，提高科学探究的能力。

科学探究的课题有的是与教学内容、教学进度相吻合的。在课堂教学

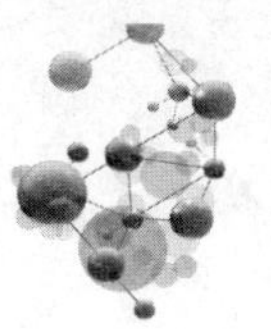

中，有些探究性的物理问题是由教师和教科书直接提出，虽然其中不乏关于问题背景的介绍，但很少有让学生主动发现和构思问题的机会。在高中阶段，教师有必要对一些探究性的物理问题创设一些情境，让学生在观察和体验后有所发现、有所联想，萌发出科学问题；或者创设一些任务，让学生在完成任务中运用科学思维，自己提炼出应探究的科学问题。

要想提高学生制订探究计划的能力，就要使学生学会把要探究的课题分解为几个相对独立的小问题，会思考解决每个问题的不同方法，根据现实条件选择、优化有关方法，从而形成探究的方案；学会从原理、器材、信息收集技术、信息处理方法、操作程序等不同方面来构思探究的计划；学会在制订探究计划时查询相关资料，学会在相互交流中完善探究计划。教师应该在教学中尽量为学生提供学习制订探究计划的机会。

在指导学生收集信息和分析、处理信息时，教师不要预先设定表格，让学生“照方抓药”。在收集信息时，要注意培养学生客观的思维品质，不要只把注意力集中在与探究假设相符的物理事实上，同样需要观察和收集那些与预期结果相矛盾的信息。在通过一定的科学探究之后，应该让学生学会依照物理事实运用逻辑判断来确立物理量之间的因果关系，树立把物理事实作为证据的观念，形成根据证据、逻辑和现有知识进行科学解释的思维方法。

在教学中教师应重视学生对科学解释的评估。为此，教师可以让学生提出并比较不同的解释，看看收集的证据究竟更支持哪种解释。学生之间的公开讨论、评议是提高评估能力的有效方法。关于科学探究的交流和表达，在教学中，教师应该让学生从以下两个方面关注自己表达能力的提高：一是交流内容的组织，包括课题的提出、探究计划框架、信息收集过程和数据整理、基本论点和对论点的解释、存在的问题和新发现等，应学会根据课题特点有所侧重；二是陈述的形式，包括文字、表格、图像、公式、插图等，学会根据内容选择恰当的形式进行交流。在此基础上，教学中教师要提供学生当众交流的机会，让学生准备有条理的讲稿，并进行准确和富有逻辑的发言。

学生在科学探究的各个环节中发展的能力往往是不平衡的：有的学生在某些环节的探究行为中自主性较强，与这些环节相对应的探究能力会得到很好的发展；而在另外一些环节中，教师需要做必要的引导或指导，让学生

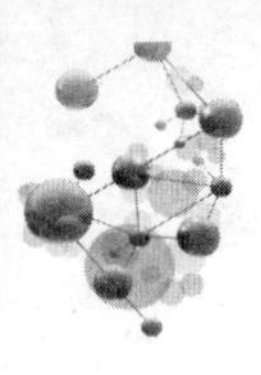

在这些方面得到锻炼。因此，教师在设计、实施科学探究教案时，应该对不同案例的具体教学目标进行认真分析，以便了解学生在探究经历中的薄弱环节，及时采取改进措施。

(三) 使物理贴近学生生活、联系社会实际

家庭、学校、社会中都存在着大量学生感兴趣的物理问题，如家庭中新型电器、炊具中的物理原理，公共交通设施、交通工具中某些新装置的物理原理，新型通信工具中的物理原理等。教师应将与学生生活联系密切的素材用于教学。在课堂教学中，教师可以使用可乐瓶、易拉罐、饮料吸管、胶带纸等生活中常见的物品来做物理实验。学生的课后作业也应该因地制宜地引导学生关注周围的生活，如游乐场中的物理，车站、码头上的物理，超级市场中的物理等。把这些与学生生活密切相关的事物引入物理课，就会增加学生对物理课的亲切感。

物理学与社会的联系可以分别从资源(能源)、人口、环境和生态、交通、居住等方面结合本地的社会现象进行讨论。恰当地采用照片、图表、模型、幻灯、电影、录像、光盘等视听媒体，鼓励学生在课堂上发表通过自己收集信息形成的有关见解。

开展跨学科的研究活动，鼓励学生把物理知识与其他学科知识结合起来研究周围的生活和社会现象。例如，进行小型水电站调查，学生从能量转化的估算、发电和配电设备、发电功率跟当地用电需求的关系等物理知识，从水电站建设对当地生态环境影响等生物知识，从水电站周围的地质结构、水电站对周边地区的经济影响等地理知识来综合思考研究主题。在研究中提高学生对科学与经济、社会互动作用的认识，增强将科学服务于人类的社会责任感和使命感。

(四) 突出物理学科特点，发挥实验在物理教学中的重要作用

物理实验是高中物理教学中的重要内容。共同必修模块中的物理实验是《普通高中物理课程标准》(2017 年版) 对高中生最基本的实验要求。在必修和选修模块中，都不同程度地体现了对物理实验的进一步要求。教师可以指导对物理实验有兴趣的学生在校本课程中选修具有更高要求的物理实验

专题。

在高中物理教学中，教师应该重视学生对物理实验的理解。在观察演示实验时，不仅要让学生关注观察的现象，还要让学生理解该物理现象是用来说明什么问题以及怎样说明问题的。教师应该尽量让学生了解实验装置的工作原理。在进行学生实验时，教师应该让学生在明确实验目的、理解实验原理的前提下独立操作实验。

重视学生实验技能的提高，使学生能正确使用高中物理实验项目中的仪器和工具，获得较准确的实验信息，但要避免进行刻板的技能训练，因为随着科技进步，对技能的要求也在不断地变化。

实验是了解、研究自然规律的重要方法，它的作用不只是为了获取信息。教师应该让学生认识到实验操作是在相关原理的指引下进行的，学会把实验获得的信息演绎、归纳成结论，只动脑不动手和只动手不动脑都是不正确的。

学生实验是学生探究并获取知识与应用知识过程中的一个有机组成部分，应该在合理的环节和预订的计划中去完成。

教师应该积极开发适合教学的实验项目，充分利用实验资源做实验。鼓励教师将电子计算机等多媒体技术应用在物理实验中，同时，提倡使用身边随手可得的普通物品做物理实验。

实验室是培养学生科学态度和科学作风的场所，教师应培养学生对实验严肃认真的态度，实验结果要实事求是，如实记录实验数据，并把实事求是的作风带到平时的学习和生活中去。

第三节　中学物理教学过程

教学过程是什么？这本来是一个“仁者见仁，智者见智”的问题，加上由于教育学研究的特点，使得这一问题更加难有定论，从而在一定程度上影响着人们对教学的认识，也在相当程度上影响着物理教育工作者对物理教学过程的认识。基于协同学理论，本书提出了一个新的教学过程理论——教学过程的自组织转变理论。教学过程的自组织转变理论是一种动态理论，它

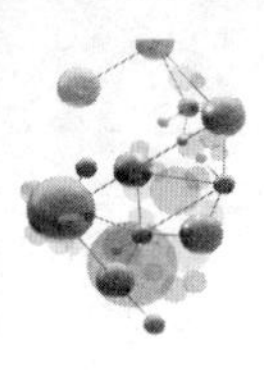

关注教学过程的转变，并且认为，教学过程的被组织阶段不仅是重要的，而且是必需的，是自组织的必经阶段。只有当教学系统的被组织状态达到临界值时，才有可能转变为自组织结构。因此，我们提出一个教学口号：把学生送到教学过程转变的临界区域去。

一、传统教育学视域下对教学过程的认识

(一) 教学过程是一种特殊的认识过程

人类社会要不断发展，就必须由年长一代不断地将在劳动与社会交往中认识世界、改造世界的经验传递给年轻一代，使他们成为符合社会需要的人，以保障社会的生存与发展。所以，教学过程主要是引导学生掌握人类长期积累的科学文化知识的过程，是学生循序渐进地学习和运用知识的认识活动，是贯彻教学过程的主要活动。教学中的交往活动是围绕认识活动进行的，教学中促进学生身心发展并使其符合社会标准和目标的活动则是在认识与交往活动的基础上进行的。所以，师生为传承知识而相互作用的认识活动是教学活动区别于其他活动的最基本特点。

教学过程是一种认识过程。教学过程要受认识论的规律制约，要注意调动学生的学习主动性、积极性与创造性，同时，要遵循“从生动的直观到抽象的思维，并从抽象的思维到实践”这个认识途径。然而，教学过程又是一种特殊的认识过程，它是学生个体的认识过程，具有不同于人类总体认识的显著特点：①间接性，主要以掌握人类长期积累起来的科学知识为中介，间接地认识现实世界；②引导性，需要在教师引导下进行认识，而不能独立完成；③简捷性，走的是一条认识的捷径，是一种科学文化知识的再生产。

(二) 教学过程必须以交往为背景和手段

教学活动不是孤立的个体认识活动，而是社会群体性的有目的、有组织的认识活动，它离不开师生之间的交往。

教学应把交往、沟通、交流作为重要手段和方法。在教学过程中，教师引导学生循序渐进地学习与运用知识，通过师生间的问答、讨论、交流、互助，进行思想碰撞与反思，集思广益与加深理解，以便学生得到启发，并学

会应用，使教学中的认知活动更加生动有效。在教学中，教师不仅运用交往引导学生学习知识、进行认知，而且运用交往对学生进行情感方面的沟通、感染与培养。虽然交往在教学中的意义重大，但交往并非教学特有的活动，而且教学中的交往只能围绕引导学生学习知识、认识世界来进行，否则就会削弱教学的特点，迷失交往的目的与方向，从而影响教学的效率与质量。

（三）教学过程也是一个促进学生身心发展的过程

教学过程是教师引导学生掌握知识、认识世界、进行交往，以促进学生的身心发展为目标的过程。其中，引导学生通过掌握知识、进行认识及交往的活动是教学的基本活动，而促进学生的身心发展则是在认识及交往过程中所要完成的教学任务。虽然学生的身心发展在教学中起着导向与规范作用，但是只有通过并借助于组织好学生的认识及交往活动才能落实与实现。学生的身心发展并不只是与教学过程相联系，还与其他教育活动甚至学生的全部生活过程相联系，也就是说，教学的主要活动是在教师引导下的学生认识及交往活动。

要使教学过程能够促进学生的身心发展，就必须以此为准则来规范教学过程，使教学成为教育性和发展性兼备的过程，这是现代教学的追求与特点。如何使学生所学的知识内化为个人的智力、品德与价值观，目前仍是一个正在探讨的问题。事实上，只要能够使学生在学习中有收获，在思想上有震撼，能够有效地使学生学到的知识得以内化，这样的教学就是好的教学，从而使学生自觉地成为全面发展的人。

二、教学过程：从被组织到自组织的转变

协同学采用序参量来描述一个系统的有序度，展现系统从无序向有序的转变。一个系统有许多变量，如何确定哪些变量是决定系统有序度的序参量呢？哈肯分析了不同变量在临界点的行为：绝大多数参量在临界点附近阻尼大、衰减快，对系统状态的转变进程影响不大，这类参量称为“快参量”；一个或少数几个参量在临界点附近阻尼小，不仅不衰减（或衰减极慢），而且始终左右着系统演化的进程，这类参量称为“慢参量”。快参量在系统的状态稳定性受到影响时总是企图消除干扰，使系统重新恢复到稳定状态，

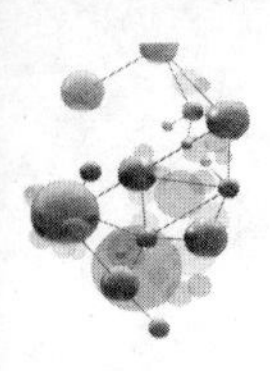

所以对系统形成有序结构的作用不大；慢参量在系统受到干扰时总是使系统离开稳定状态，走向非稳定状态，同时，又主宰着系统的演变过程，所以慢变量是促进系统向有序转变的“序参量”。协同学自创建以来，已经被很多心理学家应用于语言、视觉、运动和脑等方面研究的实验设计与结果分析中。在脑和行为方面的研究中，协同学和其他非线性科学一样，研究的是大脑的相（系统不同的内部组合状态）和相变（相之间的转变）。非线性系统的相变往往表现为一种跳跃过程，近年来，运用超导量子干涉仪对大脑的研究正在实践和理论上检验与分析这种相变过程。结果表明，尽管大脑是复杂和多样的结构，但它仍然表现出相变、新模式的形成等特征，并可以用协同学的概念和方法加以很好的描述。

基于协同学的广泛适用性，特别是心理学家在脑、行为和认知方面研究的成功范例，我们认为，在教学过程理论的建构中引入协同学是一个较新的理论思路。一般认为，构成教学过程的要素包括学生、教师、教材和环境。其中，教材是教学的客体，学生是教学的主体，而教师起主导作用。实际上，教学过程就是教学系统发展演化的过程。教学系统作为一个系统，它既可以是被组织系统，又可以是自组织系统。所谓“被组织”，是指该组织只有在外界干预下才能进行演化，它的组织化不是自身的自发、自主的过程，而是在外部驱动力下的组织过程或结果。① 长期以来，我国的教学基本上是被组织过程。对此，北京大学物理学院教授赵凯华指出：“现在有一种普遍的提法：作为一个好的教师，应当‘课堂上解决问题’，把所教内容都‘讲深讲透’，不给学生课后留下疑难。所以我国教师都习惯于把知识组织得井井有条，对课程内容的每个细节作详尽的解说，对学生可能发生的误解一一予以告诫。”“这种教学方法的最大弊病在于，它把一个年轻人维持在小孩子的状态，老师要他怎么学，他就怎么学。”显然，这是一种典型的被组织状态。

解决这个问题的办法就是，把教学过程从被组织状态向自组织状态转变。按照哈肯的定义，所谓“自组织”，是指“如果一个体系在获得空间的、时间的或功能的结构过程中，没有外界的特定干涉，我们便说该体系是自组织的”。那么，我们可以认为，教学过程的自组织状态是在教师的引导下，

① 杨昌彪 . 高中物理教学设计 [M]. 成都：西南交通大学出版社，2021:112.

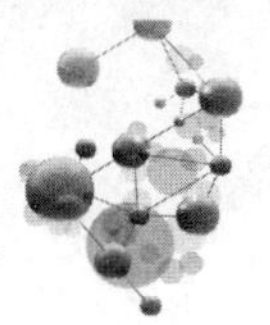

学生的知识、技能和方法等参量之间进行相互协同与竞争，当学生的大脑进入从无序到有序的临界区域时，导致只有少数序参量支配学生的认知系统，最终实现学生的认知从无序变为有序，达到“教是为了不教的目的”。

学习系统是教学系统的主要子系统之一，其演化规律决定了教学系统的发展走向。学习系统的核心是人的大脑。由于人脑约有1000亿个神经元，每个神经元与其他神经元的连接多达1000条。此外，每个神经元本身也是一个错综复杂的系统，这些神经元以高度复杂的方式联系在一起，能主动接受输入的信息，不断改善自身的结构和功能，实现与环境的协调，所以，学习系统属于自组织系统的范畴。因此，基于协同学理论，我们提出了一种新的教学过程理论：教学过程是一个学生、教师、教材和环境相互协同的过程，是学生在教师引导下完成对教学内容掌握的同时，其认知系统从被组织状态向自组织状态转变的过程。

教学过程的自组织转变理论体现了一种新的教学观。在这种过程中，教师的角色从“讲深讲透”向“画龙点睛”的引导转变，学生对教学内容的理解也从教师“讲”明白向学生“悟”出来转变，从死记硬背、机械训练向亲身体验、主动参与转变，从被动接受式学习向主动获取式学习转变，从而实现教学方式的根本转变。由于学生经历了一个由教师讲授到自我建构的过程，结果就使得学生“不但掌握了知识、定理和公理的意义、精神及其重要性”，而且知道“其中有的东西是重要的，有的东西是美妙的，有的东西是值得跟人辩论得面红耳赤而不放手的”。在解决问题时，各种各样的策略能够迅速检索而无须搜肠刮肚地对照做过的题型，在处理前一个步骤时就能在大脑中预感下一个步骤，根本无须暗暗回忆各种题型再思量其意义，即使进行创造性活动，也能凭直觉而非经验去探索正确的解决途径。所以，正是在这个意义上，我们认为教学过程的自组织状态转变不仅能使学生更好地掌握知识，而且能很好地培养能力。

三、教学过程自组织的实现条件

(一) 教学过程必须开放

一个系统只有开放才能有序。有序的结构需要输入物质、能量或信息，

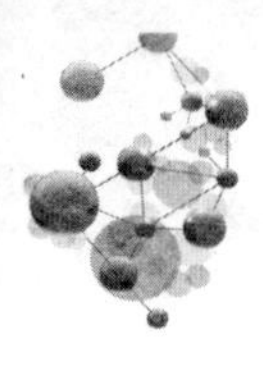

并与外界进行交换才能维持，封闭的系统因无法进行有效的交换，而最终变为混沌。

教学过程的开放，关键是要有真实的交流。所谓“真实的交流”，就是学生自己提出问题，不是教师提出问题，更不是为了提出问题而进行的虚假交流。在这个问题上，中外教育有很大差异。

（二）教学过程必须远离平衡态

根据自组织理论，非平衡是有序之源。在平衡态，系统处于稳定状态，系统朝着均匀、无序和简单的方向发展，不可能产生自组织结构。当系统远离平衡态时，才有可能进入有序状态，形成新的有序结构。教学过程远离平衡态，才能够使学生原来的认知状态被远离平衡态的刺激所打破，发生“协同”或更深刻的“竞争”过程，使认知结构得到充实或变革，从而达到新的水平和新的平衡。布鲁纳认为，“为了促进学生的思维状态处于非平衡态，教师必须努力启发他们自由灵活地思考问题”，即要求学生不满足已有的理论和知识体系，具有怀疑的态度和批判的精神。

（三）教学过程应促进非线性相互作用

协同学理论指出，只有在系统内各要素之间存在着非线性相互作用的情况下，才能形成自组织结构，因为非线性相互作用使各个要素之间产生相干效应和协同作用。从本质上讲，任何线性系统不会有进化和质变，所以哈肯认为，“控制自组织的方程本质上是非线性的”，“这些非线性项起着决定的作用”。

我国教学的优良传统是教学的内在联系紧密、条理清晰、逻辑严密。然而，在教学实践中，人们“总觉得我国的教学中还缺少点什么，我国学生每当遇到问题时，总是一开始便埋头用系统的理论工具按部就班地作详尽的计算”。我们认为，缺少的不是别的，正是直觉思维和科学洞察力。

在教学过程中，直觉思维作为一种非线性思维，其特点在于既不受“时间顺序”的束缚，又不受“逻辑顺序”的束缚，具有跨越时间和空间的性质，可以在事物细节尚未分明的情形下对整个事物进行感知，为了促进教学过程从被组织状态向自组织状态转变，必须重视发展学生的直觉思维。这样，应

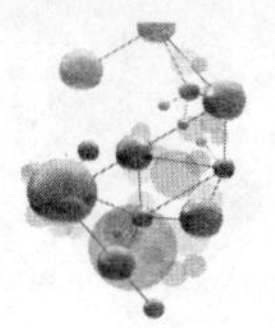

当根据学生的知识水平选择恰当的内容，有计划地训练学生从整体出发，用猜测、跳跃的方式，直接而迅速地寻找解决问题的方案，如果得出荒谬的或与事实不符的结论，则重新进行，直至解决问题。

（四）通过随机涨落促进教学过程从被组织向自组织转变

涨落是指系统的某个变量对系统状态统计平均值的偏离，在远离平衡态的非线性区，系统中一个随机的微小扰动或涨落，通过非线性相干和连锁效应被迅速放大，形成整体的宏观“巨涨落”，导致系统发生突变，从而形成新的有序结构。

涨落导致有序，因此，在教学中教师应当创造自由民主的课堂教学氛围，鼓励学生大胆提出见解，引导学生提出各种各样的想法，通过学生与教师、学生之间进行对话、辩论，在思想的交流与碰撞中闪现出智慧的“火花”。教师还应当通过科技史的介绍使学生了解“涨落导致有序”的必然性，为学生重视涨落奠定心理基础。

第四节　中学物理教学原则

从教育学中已经知道，教学原则是根据教育、教学目的反映教学规律性而制定的指导教学工作的基本原则。各门学科的教学由于研究对象、研究方法和教学对象的不同，均有各自特殊的内容、方法和活动方式。对于中学物理教学，除应遵循教学过程的一般规律以外，还应依据我们对物理教学过程的本质、特点和规律性的认识，从物理学科本身的特点出发，结合中学生学习物理的心理因素和认知结构，发挥周围物理环境的作用来组织教学活动。我们认为，物理教学中的教学原则不应照搬教育学中提出的教学原则或只加一些实例、说明，应该把教育学原理与中学物理教学过程紧密结合起来，形成在中学物理教学过程中应当明确提出和切实贯彻的中学物理教学原则。这些原则可以初步提出以下五条：

(1) 科学性、教育性、艺术性相结合的原则；

(2) 激发学习兴趣的原则；

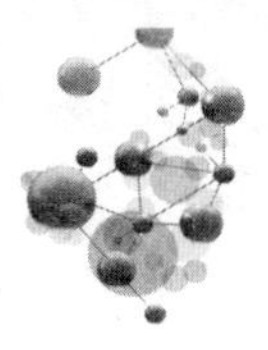

(3) 创设物理环境，突出观察、实验的原则；

(4) 启发思考、教给方法的原则；

(5) 联系实际、联系生活的原则。

一、科学性、教育性、艺术性相结合的原则

在进行物理学这类自然科学的教学时，首先应当注重教学的科学性。无论是对物理现象、物理概念和物理规律的描述与表达，还是实验或练习题的内容、数据等，都应当是正确无误的。

教学的科学性，最重要的是要把概念、规律讲正确、讲清楚，还要教给学生一些分析、处理问题的正确方法。当然，这不是说要一次就把某个问题讲深、讲透、讲全，而是要求不论在内容上还是方法上都不应有科学性的错误。例如，研究放在斜面上的物体 B 所受的重力 G 的分解时，重力 G 有时可以分解为 F_1 与 F_2。与近似用来等效代替 G 的两个分力，它们仍然是地球对物体 B 的作用。如果说成“把重力 G 分解为压力 F_2 和下滑力 F_1”，这显然是科学性的错误。另外，在教学中如果向学生强调：以后遇到放在斜面上的物体时，重力 G 应分解为 F_1 与 F_2，这是一种“类型”，要求学生记住，这种做法也是不科学的。在处理物体沿斜面运动或有运动趋势的问题时，把重力 G 分解为 F_1 与 F_2，实质上是沿物体运动的切向和法向分解（中学教学开始时不应提切向和法向，而是讲沿运动方向和垂直运动方向），这样便于我们研究问题。力的分解就是为了便于研究问题而采用的一种处理问题的方法（等效代替法）。我们应当教给学生这种处理问题的方法，而不应当让学生去死记“类型”；否则，当研究物体 B 与斜面相对静止并一起沿水平方向加速运动时，仍把重力 G 分解为这里的 F_1 与 F_2，就使问题的解决更复杂了。

教学的科学性要求教师正确地应用术语。对于重要的物理概念或规律的阐述，一定注意用语要正确，表达要确切。例如，教师在讲比热容时，应当说“物质的比热容”，而不应当说“物体的比热容”；在讲电场时，应当说“带电体周围的空间存在电场”，而不应当说“带电体周围的空间叫电场”等。当然，强调术语的科学性并不是要求在上课时教师满口都是科学名词，像背书一样，而是我们应尽可能把课讲得通俗易懂，这与教学的科学性并不矛盾。当然，在使教学通俗化时，又要避免庸俗化，注意科学性。

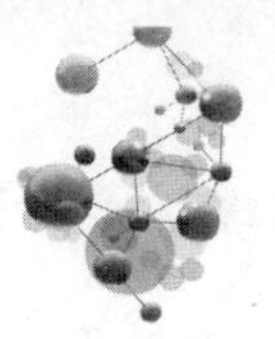

教学永远具有教育性。在物理教学过程中，应该充分重视教学的教育性，充分并恰当地（不过分地）发掘教学中内在的教育因素，把教育性渗透在教学内容和各种教学活动之中。所谓“教育性”，包括在政治、思想、品德等方面对学生的教育影响。政治方面的影响，如爱国主义、社会主义和坚持四项基本原则等方面的教育。思想教育主要是世界观和人生观的教育，要培养学生辩证唯物主义的世界观和为人民服务的人生观。在物理教学中培养学生辩证唯物主义观点的基本途径：把物理知识的教学建立在辩证唯物主义方法论的基础上，向学生揭示物理现象和过程的本来面目，阐述物理知识内在的辩证关系，使学生通过具体物理知识的学习，逐步树立辩证唯物主义的观点。品德教育，诸如实事求是、尊重事实、尊重科学、爱护公物、团结互助等。①

教学还要有艺术性。所谓“艺术性”，指的是要讲究教学方法，把教学的科学性和教育性恰当而巧妙地结合起来，取得良好的教学效果。教学既然关系到人，涉及教师和学生，而人又有复杂的心理活动，涉及情感领域的诸多因素，这就不能只遵循一些科学原则，还要有科学不能完全包括的因素，我们称为“艺术”。忽略教学的艺术性是不全面和不妥当的。

科学性是根本，是基础，教育性渗透在科学性的教学之中，艺术性是使科学性的教学达到最优效果的途径、方法和技巧。三者之间相辅相成，构成统一的有机体。因此，中学物理教学要遵循科学性、教育性、艺术性相结合的原则。

二、激发学习兴趣的原则

在人的各种活动中，情感起着很大的作用。例如，令人喜欢的工作就进行得顺利，甚至废寝忘食、不辞辛劳，而且成效显著、效率惊人；反之，令人反感的工作就没有鼓舞力量，使人感到压抑厌倦，很少有成效，这也完全适用于学生的学习活动。

我们激发学生学习，就是要激发学生的学习动机。学习动机有两种：一种是外在奖惩激发的（外在动机），另一种是发自内心积极主动的学习要求（内在动机）。在教学过程中，施教者（教师）要设法激发学生的内在动机。对于青少年学生来说，兴趣往往是他们学习的一种重要动力。如果我们引导

① 冯连奎．中学物理教学策略的优化与创新 [M]．济南：山东科学技术出版社，2020:79.

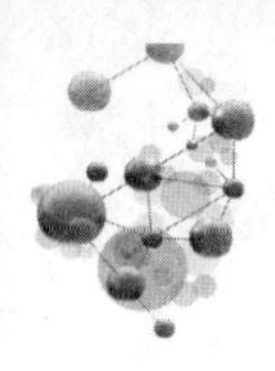

学生对所学的知识、所要研究和解决的问题产生浓厚的兴趣与求知欲望，他们就会以饱满的情绪积极主动地投身于探求知识、解决问题的学习活动中去，在积极的探索活动中开动脑筋，克服困难，在知识的发现和问题的解决中体验到探索科学的乐趣，激发起进一步探索科学的热情。这样，久而久之，就会逐渐形成探索科学的志趣。

应当指出，教师应善于运用学科知识本身的魅力去激发学生求知的兴趣和情感。这里，教师本身的情感对学生具有很强的感染作用。如果教师有强烈的求知欲，热爱物理这门学科，以饱满的情绪带领着学生去探索物理世界的奥秘，就会对学生的学习兴趣和情绪产生巨大影响。

基于中学生的心理特点和中学物理的学科特点激发学生的学习兴趣，应成为指导中学物理教学工作的一个基本要求。

三、创设物理环境，突出观察、实验的原则

在上节有关教学过程的分析和教学过程的规律性的论述中已经强调过：要让学生在物理环境中学习物理。只有在物理环境中，学生才有可能真正学到物理，也就是说要“识物树理”，而观察和实验是根据教学要求而创设的用以探索物理问题最适宜的物理环境。

认识物理现象和物理事实是学习物理知识的基础与出发点。在物理教学中，教师必须创造学习物理的环境，使客观事物、现象形象化，便于学生观察。学生通过观察、实验，对物理事实、物理现象和物理过程有了清晰而明确的印象，积累了大量生动的、具体的感性知识和数据，发掘出有待探索的问题，为进一步的思维活动提供了思考的线索和依据，在这个基础上，形成概念，认识规律。在科学研究中，同样也是如此。因此，无论是认识物理现象，还是形成物理概念和认识物理规律，乃至形成理论，都离不开观察和实验。观察和实验是物理学的基础，是物理学研究的主要方法之一，是获取物理知识的源泉。物理教学中的物理环境，正是对物理问题研究过程的一个模拟和缩影。不进行观察和实验的教学，就会把本来生动丰富的知识变成一堆枯燥难懂的材料，学生只能学到一些僵死的、无用的结论，这样的教学不能称其为物理教学。考虑到物理学的学科特点和中学生的基础，在中学物理教学中必须努力创设物理环境，突出观察与实验的地位。

四、启发思考、教给方法的原则

观察和实验是学习物理知识的基础。要获得物理知识，还必须在这个基础上进行思维加工的过程，即把观察、实验得到的感性认识和数据进行分析、比较、综合、抽象、概括，上升到理性认识，建立概念和规律，完成认识上的第一个"飞跃"。这个思维加工过程必须按照物理学的研究问题的方法来进行，也必须符合中学生的心理特点和思维实际。中学物理虽不能全面地体现物理学的重要研究方法，但也渗透了不少初步的研究方法。例如，观察实验法，科学抽象概括法，比较、分析、综合的研究方法，运用推理、想象，定性或定量地研究问题的方法，研究问题的理想化方法，处理问题的等效法、类比法，运用初等数学表达概念或规律和进行推理论证的方法等。如果学生不学会这些方法，就很难做到对物理知识的真正理解和掌握，而且会越学越困难。对于中学生来说，他们开始学习物理，容易把过去学习数学或语文的方法用到物理学习中来，这就给物理课的教和学带来了很多困难。因此，在中学物理教学中，必须注重启发学生思考，自觉地运用物理学的方法组织教学活动。物理学的认识方法必须通过学生的学习方法去反映，使物理教学成为启发、引导学生运用物理学方法来提出问题、探索和研究问题的过程。在这个过程中，学生在学习知识的同时，经受了研究问题方面的初步训练。这样既教知识又教研究问题方法的教学，会使学生既学到知识又逐步开学习物理之"窍"，就会越学越爱学，越学越会学。

学习物理知识的目的在于运用。运用所学的知识来说明现象、分析和解决问题，这就是把学到的知识变成实际行动的过程，从而完成认识上的第二个"飞跃"。在教学实践中我们常常发现，有不少中学生对一些物理知识的学习并不感到很困难，但是在运用这些物理知识解释现象或解答问题时往往不知从何下手。常常听到学生讲，老师讲的知识能听懂，就是不会用。分析其原因，一方面可能是对基本知识没有真正理解，另一方面更主要的原因往往是缺乏分析问题和处理问题的思路与方法。要知道，学生在学习中从"懂"到"会用"，这是认识上的另一个飞跃。完成这一认识上的飞跃需要教师的引导，这个引导过程主要是教给学生如何运用所学知识进行分析、处理问题的思路和方法。例如，应教给学生在解答物理问题时首先要弄清有关的

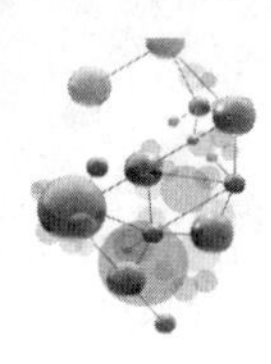

物理现象和物理过程的特征与条件，形成正确的物理图像；正确地选取研究对象，在分析物理过程的基础上找出相应的物理规律和公式，然后再进行有关计算，避免那种不加分析乱套公式的做法；在解释现象、回答问题时，用学过的知识对问题进行具体分析，抓住主要方面的特征和条件进行推理与判断，正确地运用数学知识分析和解决问题；运用理想化、等效代替、近似处理等方法来处理物理问题，通过观察和动手实验来验证学过的知识，进行小制作或解决某些实际问题等。对于中学生来说，学会分析、处理物理问题的思路和方法不是一件容易的事情，是需要教师精心启发和引导的。引导不能只靠教师讲（当然不排斥教师必要的剖析和示范），更主要的是要靠启发学生思考，引导学生练。只有通过学生自己的思考和练习，才能完成这一阶段认识上的飞跃，才有可能逐步掌握分析、处理问题的思路和方法，并在这一过程中使学生的智力和能力得到发展。“启发思考、教给方法”应当成为一条对中学物理教学的重要基本要求。

五、联系实际、联系生活的原则

理论联系实际是我国中学物理教学的优良传统，我们应当把它很好地继承下来并加以发展。通过教学，要使学生通过学习物理科学具备适应现代社会生活的科学文化素养。只有使我们的教学认真做到联系实际、联系生活，才能保证所学的知识与它的来源、基础——自然界和社会生活不致脱节，学生掌握的知识才能够运用到实际生活中去。学生日常生活中接触到的物理世界是丰富多彩的，有自然界的物理现象，有生产技术中的物理问题，有生活经验中的物理事实。目之所见，耳之所闻，都是主体和这些客体的相互作用，都可以成为学习中感性知识的来源。因此，在中学物理教学中，要善于从观察自然现象和研究社会生活实际中引出物理问题，把教学与生活、间接经验和直接经验结合起来；同时，创造多种多样的实践形式，由半独立到独立、由简单到复杂，引导学生把知识用于生活、用于实际，并注意培养学生手脑并用的实际操作能力。联系实际、联系生活的内容很广泛，既包括生产技术实际（这里应突出它运用的物理原理，不涉及它的技术细节），也包括日常生活中常见的物理现象，还包括与物理有关的社会经济问题（特别是有关当地的生产、能源、环境等实际问题）。通过教学，使学生体会到自然界和社会生活中处处有物理，认识科学、技术、社会之间的联系；学会了物理，能解释和说明多种自然现象，能解决社会和生活中遇到的一些实际问题；学物理既有趣，又有用。

总之，在中学物理教学中联系实际、联系生活，就能激发学生的学习兴趣和求知欲望，引导学生勤于观察、积极思考，因而知识学得快，学得活，掌握得牢，会运用；同时，从实际中发现问题，运用所学的知识去分析和解决某些实际问题，有利于培养学生运用物理知识解释现象、解决实际问题的能力，也有利于培养学生的创造精神。

因此，“联系实际、联系生活”应成为指导中学物理教学工作的又一个基本要求。

上述五条教学原则不是孤立的，而是相互联系的，我们在教学过程中要综合地加以贯彻。除上述五条教学原则外，在中学物理教学中，对于教育学中其他通用原则，如可接受性原则、巩固性原则、因材施教原则等，当然也应认真加以贯彻落实。

第二章　中学物理教学方法

第一节　中学物理教学模式

教学模式是指，在一定教学思想或教学理论指导下建立起来的较为稳定的教学活动结构框架和活动程序。当作为结构框架时，需要从宏观上突出教学模式，把握教学活动整体及各要素之间的内部关系和功能；当作为活动程序时，则需要从微观上把握教学模式的有序性和可操作性。目前，常用的教学模式有传授接受教学模式、引导发现教学模式、示范模仿教学模式和情境陶冶教学模式。

一、传授接受教学模式

传授接受教学模式是我国学校教育实践中普遍采用、广为人知的一种教学模式，主要适用于认知领域的教育目标。它源于赫尔巴特学派的“五段教学法”，经过苏联教育家凯洛夫等依据对辩证唯物主义原理的理解，经过重新改造后传入我国。它的基本过程是：激发学习动机→复习旧课→讲授新课→巩固运用→检查。

这种教学模式由教师直接控制教学过程，按照学生的认知活动规律加以规划。通过教师的传授，使学生对学习的内容由感知到理解，再达到领会；然后组织学生练习，巩固运用所学的内容；最后检查或组织学生自我检查学习的效果。

这种教学模式的特点是能够使学生迅速有效地在单位时间内掌握较多的知识，比较突出地体现了教学作为一种简约的认识过程的特性，所以它能够在教学实践中长盛不衰。但由于采用这种教学模式时学生处于接受教师提供信息的地位，因此不利于学生充分发挥学习的主动性，所以，它多年来一

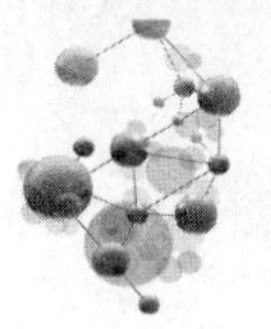

直受到各方面的批评和指责。然而，正如奥苏贝尔（D.P.Ausubel）指出的[①]，接受学习不一定都是机械被动的，关键是教师传授的内容是否为具有潜在意义的语词材料，能否与学生原有的认知结构建立实质性的联系；教师能否激发学生积极主动地从自己原有的知识体系中提取最有关联的旧知识来"固定""类属"新知识。如果能做到这两点，接受学习在掌握知识和技能中具有的独特功能就无法否定。

二、引导发现教学模式

引导发现教学模式是一种以问题解决为中心，注重学生独立活动，着眼于创造性思维能力培养的教学模式，比较适用于认知领域的教育目标。它主要是根据杜威（John Dewey）、布鲁纳等先后倡导的问题→假设→推理→验证→结论的过程而提出的。

在"问题"阶段，教师提出的问题一定要难易适度，并能使学生明确这个问题的指向性。在"假设"和"推理"阶段，教师应尽量在诱发性的问题情境中引导学生通过分析、综合、比较、类推等不断产生假设，并围绕假设进行推理，引导学生将原有的各种知识从各个不同角度加以改组，从中发现必然的联系，逐步形成比较确切的概念。在"验证"阶段，教师通过进一步提供具体事例，要求学生去辨认，或由学生自己提出事实来说明获得的概念。在"结论"阶段，教师引导学生回顾学习活动，分析自己思维的过程和方法，使之对学习结果感到满意。

这一教学模式要求教师能为学生创设一个认知上的困难情境，使学生产生想解决这一困难的欲望，从而去认真思考面临的问题，独立地运用各种思维操作。随着问题情境的产生，学生在教师引导下要能提出各种解决问题的可能方案，即进行假设，并能验证其正误，得出正确的结论。为此，就要运用统觉原理，使学生能检索出先前获得的与新课题有关的经验和知识，并在此基础上能构建一个新的组合来解决新的问题。这种将问题情境转变为问题解决的顿悟，采用的基本方法就是所谓的"发现法"。

这种教学模式的一大功能在于使学生学会如何学习，如怎样发现问题和加工信息，怎样推理和验证提出的假设，因而有利于培养学生的探究能

① 于文高，陈浩．中学物理教学设计与案例分析 [M]. 苏州：苏州大学出版社，2018:66.

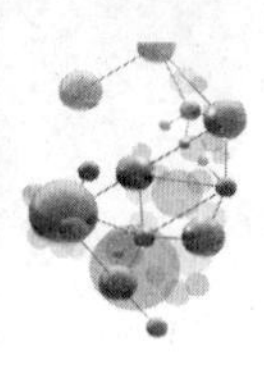

力。它的局限性在于比较适用于数理学科，需要学生具有一定的先行经验储备。

三、示范模仿教学模式

这种教学模式历经久远，也是教学中最基本的模式之一，特别适用于动作技能领域的教学目标。通过这种模式进行教学的一些基本技能，如读、写、算，以及各种行为技能对人的一生都是十分有用的。它的基本过程是：定向→参与性练习→自主练习→迁移。

在“定向”阶段，教师既要向学生阐明所需掌握的行为技能并解释完成技能的操作原理，又要向学生演示具体动作，学生则应当明确需要学习的行为技能的教学要求。在“参与性练习”阶段，教师指导学生从分解动作的模仿开始练习，并对每次练习提供反馈信息，给予及时强化，使学生对所学的部分动作由不够精确、不太定时而逐渐走向精确、定时，并使一些不正确的动作得到消除。在“自主练习”阶段，当学生已基本掌握了动作要领，并由单个的下属技能逐步结合成总括技能时，就可以脱离教师的临场指导，通过加大活动量，使技能更加熟练。在“迁移”阶段，学生不需要通过思考便能完成行为技能的操作步骤，并模仿教师的示范，把习得的技能运用于其他情境，或与其他习得的技能组合，构成更综合性的技能。

现代教育技术的发展使这一教学模式运用范围更广，效果更好。例如，可以通过视频和计算机模拟来进行技能示范，学生的模仿动作也可以借助手机摄像功能进行观察、评价和自我反馈。

四、情境陶冶教学模式

这种教学模式最具代表性的是由保加利亚心理学家洛扎诺夫（G.Lozanov）首创的暗示教学。它主要适用于情感领域的教学目标，基本过程是：创设情境→参与各类活动→总结转化。

在“创设情境”阶段，教师通过语言描绘、实物演示、音乐渲染等手段，为学生创设一个生动形象的场景，以激起学生的情绪，有时也可以利用环境的有利因素进行。在“参与各类活动”阶段，教师安排学生加入各种游戏、唱歌、听音乐、表演、谈话、操作等，使他们在特定气氛中积极主动地从事

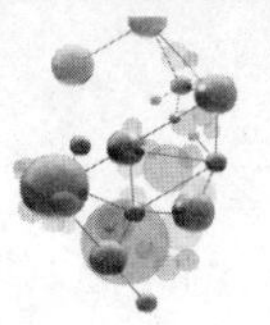

各种智力操作，在潜移默化中进行学习。在“总结转化”阶段，通过教师启发总结，使学生领悟所学内容主题的情感基调，达到情感与理智的统一，并使这些认识和经验转化成为指导其思想、行为的准则。这一模式从人的认识是有意识心理活动和无意识心理活动的统一，理智活动与情感活动相统一的观念出发，强调个性发展不仅要重视理智活动，而且要通过情感的陶冶充分调动学生无意识的心理活动的潜能，使他们在思想高度集中、精神完全放松的情况下进行学习。它通过设计某种与现实生活类同的意境，让学生在这种意境中无拘无束地与他人相互作用，从中领悟到怎样认识社会、认识他人、认识自己，从而提高学生的自主能力和合作精神，达到陶冶个性和培养人格的目的。

第二节　中学物理基本教学方法

教学方法是为了完成教学任务而采用的教学活动程序与方式。它包括教师教的方法和学生学的方法，是教师引导学生掌握知识、训练技能、获得身心发展的师生共同活动。教学方法是多种多样的，从不同的角度，采用不同的分类，同种方法也可能有不同的名称，因此，教学方法不胜枚举。比如，按教学任务来划分，有传授知识的方法，形成技能、技巧的方法，巩固知识、技能的方法，检查知识、技能的方法等；按获得知识的途径来划分，有讲授法、讨论法等；按教学方法的特点来命名，有演示法、实验法等。

考虑到中学物理教学的特点，下面重点介绍几种中学物理教学中常用的教学方法。

一、讲授法

讲授法是教师通过语言系统连贯地向学生传授知识的方法。它通过循序渐进地叙述、描绘、解释、推论来传递信息、传授知识、阐明概念、论证规律，引导学生认识和分析问题，并促进学生智力与品德的发展。由于语言是传递经验和交流思想的主要工具，因此，讲授法是教学的一种主要方法，运用其他教学方法都需要配合一定的讲授。

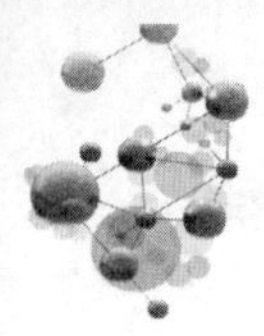

（一）讲授法的基本特点

1. 讲授要求语言准确、简练

物理学科有自己的术语系统。为了在课堂教学中准确地表述物理学的基本概念、规律，要求教师的讲解要语言准确、简练，既不能随心所欲，也不能出现科学性错误。

2. 讲授要求逻辑严密，体现思想方法

需要注意的是，物理教学内容的知识、方法、思想和观念是不同层次的东西，但在目前的物理教学中，很多教师常常并不清楚这一点，教学中如果不能正确区分与运用，就会在一定程度上影响讲解的效果。

3. 讲授能够使学生充分感知现象

知识往往来源于对现象的抽象与概括，学生对现象的充分感知是获取知识的前提。通过教师的讲解，能够引导学生对现象充分感知是获取知识的前提。通过教师的讲解，引导学生对现象进行有目的的观察，有意识地突出现象中的主要因素，排除次要因素的干扰，为抽象概括做好充分准备。

4. 讲授能够使学生的直觉概括上升为理性概括

在学生建构物理知识的过程中，由于学生在生活中已经有了一些前科学概念，而这些前科学概念就是直觉的概括，往往会导致学生难以形成正确的概念。因此，教师要通过讲解，采用认知冲突的方式，破除学生头脑中的前科学概念，使学生的直觉概括上升为理性概括，才能使学生在头脑中建立起正确的概念。

5. 讲解能使抽象结论具体化

使抽象结论具体化，本质上是知识的应用过程。实际上，一个完整的知识教学过程通常包括创设问题情境、借助科学方法获得知识、诠释知识的本质、借助科学方法应用知识、运用知识解释现象几个环节。显然，抽象结论具体化就是知识建构的最后一个环节。

（二）讲授法的构成要素

1. 讲授的结构

讲授的结构是指，教师在分析学生情况和教学内容的基础上，对讲授

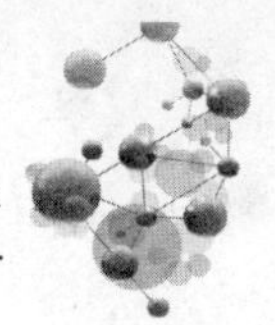

过程的安排。它是将讲授的总任务分解为若干个部分，每一部分都有一个明确的阶段性目标，并且，根据各部分讲授内容之间的逻辑意义和学生认识过程的规律，将各部分讲解内容安排成一个序列，并在讲解实施中正确清晰地表现这一序列。通俗地说，叫“第一张幻灯片”。

2. 诠释定义

诠释定义是指，对概念具体而科学的陈述。课堂上进行介绍说明时，主要依靠教师与学生之间的“师生对话”和学生与文本之间的“生本对话”来实现。教师可以用知识回顾、引用、比喻、拟人、修辞、下定义等方法，对概念进行详细具体、科学严谨的陈述与讲解。

3. 角色扮演

角色扮演是指，教师在举例或讲解案例时，模仿他人言行的做法。这种做法可以活跃课堂教学气氛，有利于将学生带入教学情境当中，使学生产生认同和共鸣。

4. 使用例证

使用例证通俗地说，就是举例子。著名物理学家费曼有句名言：没有物理实例，我就不懂。举例说明是讲授法的重要应用，例证可将熟悉的经验与新的知识概念联系起来，使新知识在已经消化了的知识中抛锚。使用例证还要注意：举例要恰当、举例要适合学生的认知水平、举例数量要符合教学过程的要求、要注重分析、要正确使用正面例证和反面例证。

5. 进行强调

强调是成功讲授中的一个核心成分。一个有经验的教师能够运用强调将重要的关键信息从背景信息中凸显出来，帮助学生抓住主要因素，减少次要因素的干扰，同时建立讲授中核心内容之间的联系。

6. 形成连接

讲解的结构是由系列化的关键问题和相应的阶段性目标构成的，这些问题之间并不是彼此孤立的，它们将构成一个有机的整体。清楚连贯的讲解是由新旧知识之间、例证和概念规律之间、问题与问题之间恰当的逻辑意义连接构成的。在讲解中仔细安排各步骤的先后次序，选择起连接作用的词语说明上述关系，使讲解形成意义连贯的完整系统，是“形成连接”这一教学行为的要素。

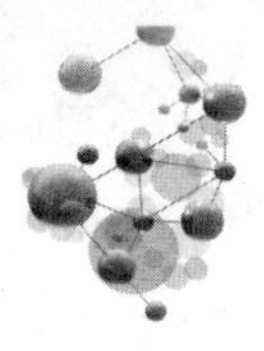

7. 揭示实质

揭示实质是指，揭示物理现象背后的本质，它可以剖析现象的深层含义，说明现象与本质的内在联系。

以能量概念为例。我国中学物理课本长期囿于“能量是一个表明物体做功本领的物理量”的定义。对此，美国学者莱尔曼（G.Lehrman）提出了不同的见解①，他认为能量的定义应该同时以热力学第一定律和热力学第二定律为依据，把热也作为一种形式考虑在内。他指出，一定量的功可以产生一定量的热，一定量的热却不能在不对外界影响的情况下完全转化为功；能量在转化中总保持守恒，而做功的本领却不是守恒的，它在转化的过程中要不断地损失掉。因此，完整的能量定义应当是：能量是表明物体做功本领和产生热本领的物理量。由此可见，要使学生真正理解能量的定义，除了定义的精准，还应使学生理解能量定义背后蕴含的“守恒”与“转化”思想，因为能量由于守恒才能被定义，同时，功与热可以定量地相互转化。

二、演示法

演示法是指，教师在教学过程中运用实验操作、实物及模型观察、现代教学媒体表演等直观教学手段，充分调动学生的视觉、听觉，形成表象及联系，并指导学生进行观察、操作和思维的一类教学行为。

人对客观事物的感知是通过五种感官（味觉、触觉、听觉、视觉、嗅觉）来完成的，信息传输理论的研究表明，每一种信息传输通道传递信息的效率是不同的。感官效率是：味觉为 1.0 %，触觉为 1.5 %，嗅觉为 3.5 %，听觉为 11.0 %，视觉为 83 %。通过各种感官获得信息的记忆效率是：朗读为 10 %，听觉为 20 %，视觉为 30 %，视听为 50 %，理解后的表达为 70 %，动手做及描述为 90 %。由此可见，视听的感官效率是很高的。而对于记忆效率，视听结合与理解后的表达也表现出很高的效率。这说明，在演示中注意演示与讲解的结合，演示与学生的理解活动相结合，可以取得好的教学效果。

概而言之，演示能够提供丰富的直观感性材料，为学生的实验操作提供示范，激发学生的学习兴趣，促进学生观察能力、实验能力和思维能力的

① 黄洪才 . 基于核心素养的中学物理课堂教学 [M]. 长沙：湖南师范大学出版社，2021：179.

发展，并可以从中学到科学的实验方法。

（一）演示法的基本类型

1. 按照应用的教学环节分类

（1）引入课题的演示。

（2）建立概念和规律的演示。

（3）验证和巩固概念与规律的演示。

（4）有关规律应用的演示。

2. 按照演示手段和方式分类

（1）实验演示。

（2）模型、实物的演示。

（3）图片、图表的演示。

（4）应用现代化教育技术手段进行的演示。

（二）演示法的构成要素

1. 引入演示

在问题情境下提出需要演示的任务，使学生的注意力集中到演示上来。在演示前，需要先向学生说明需要观察什么、为什么要观察、怎样进行观察以及观察中应该思考的问题，使学生处于乐于观察的心理状态中。这就要求教师要善于运用导入技能，使演示的引入既简明扼要，又引人注目。

2. 出示媒体

首先，教师要简明扼要地向学生介绍使用媒体的构成、功能、使用方法、观察方式等，以便为演示操作做必要的铺垫；其次，教师要注意媒体摆放的位置、高度、亮度等，确保全班同学在座位上都能观察清楚。如果媒体较小，是采用巡回演示还是分组观察，教师都要事先做到心中有数并做出计划。

3. 实验操作

教师的实验操作要做到科学规范、动作准确、操作熟练、确保成功。只有这样，才能使教师的操作起到示范的作用，成为学生实验操作的榜样。

4. 引导观察

教师要根据演示的目的和核心问题，提出总的演示观察任务。在演示

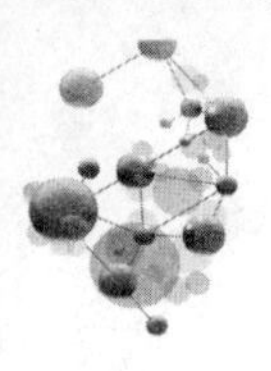

过程中，根据总的观察任务提出每一个演示步骤的观察任务，必要时要引导学生对某一演示现象反复观察、强化观察印象。

5. 提示点拨

无论是教师的讲解还是学生的观察，都是要揭示现象背后的本质。因此，在学生观察后，教师要画龙点睛地指出重点，以便使学生抓住观察的要点，达到让学生进一步理解观察的目的。

比如，光的双缝干涉演示实验。教师以激光为光源，将单缝和双缝放在讲台上，把实验室后面的墙壁当作光屏，将房间的窗帘和门关好，营造一个暗室条件，此时，干涉条纹就清楚地显示在墙壁上。由于讲台和墙壁之间有一段距离，双缝离墙壁距离较远，所以学生观察到的干涉条纹间距较大。此时，教师举着一块磨砂玻璃板，沿着两束光的叠加区，从教室的后面慢慢走到前面，在这一过程中，学生在磨砂玻璃板上可以清楚地看到干涉条纹始终存在，且间距由大逐渐变小，说明两束光在空间的整个叠加区域内都发生了干涉，明暗条纹的空间分布是稳定的。接下来，教师再用喷雾器在光束的叠加区域洒雾，空气中的小水珠会对光形成散射，这时，全班同学都可以在座位上用眼睛观察到在整个叠加区域明暗条纹干涉图样的空间分布。这样就使学生信服地认识到，两束相干光的叠加与两列波长相同的水波的叠加是类似的，从而认识到光的波动性。

6. 得出结论

在演示之后，教师还要通过提问、小组讨论、展示、总结等多种方式检查学生是否真正理解了观察的现象，是否掌握了现象中蕴含的知识。为此，教师要引导学生对演示呈现的现象或得到的实验数据做必要的记录和整理，从而通过演示初步得出结论，并与学生即将学习的知识建立联系，为进一步讲解或讨论做好准备。

比如前述光的双缝干涉演示实验，不仅激发了学生的学习兴趣，而且直观、深刻地突出了“空间”干涉。只有通过这样的实验，才能让学生认识到光的干涉不是只发生在光屏处，而是在光的整个叠加区域都会发生。如此，就将光的干涉由二维上升到三维，也就是由“位置”上升到了“空间”。因此，使学生对“两波源的光在挡板后的空间互相叠加，发生干涉现象”中的“空间”二字有了全新的认识。

三、实验法

物理学是以实验为基础的科学，物理实验是人们研究物理学的重要方法。所谓“物理实验”，就是人们根据研究的目的，利用仪器设备，设法控制或模拟物理现象，排除次要因素的干扰，突出主要因素，在最有利的条件下研究物理学的一种活动。

物理实验在教学中的作用主要有以下几个方面。

（1）可以使学生获得丰富的感性认识，加深学生对物理概念、原理和定律的理解，激发学生学习物理学的兴趣。

（2）可以培养学生的观察和实验能力，发展学生的智力。

（3）可以使学生初步了解物理学的研究方法，培养实事求是的科学态度和遵守纪律、爱护仪器的优良品质。

应当指出的是，仅仅把物理实验作为一种教学手段或作为知识教学的辅助工具是远远不够的，物理实验在进行实验知识教学、实验技能教学和科学素质培养方面有其自身丰富的内容。因此，应当将物理实验体现在教学目标和教学质量评估等方面，并要具体落实到教学实施的环节中。

采用实验法进行教学，教师的主要任务是创造实验条件和环境，指导学生动手操作，动脑发现问题、积极思考。在课堂上，在学生进行实验时，教师不仅要在巡视中不断明确实验目的和要求，而且要及时发现问题，防止实验事故发生；不仅要引导学生利用已有的知识和技能进行实验，而且要教导学生善于根据情况的变化，灵活地运用知识和技能操作实验。

在实验过程中，学生要在教师的指导下亲自操作，观察、记录、分析、综合实验现象，归纳得出实验结论。特别是，要有意识地培养观察能力、操作技能，养成勤于动手、善于思考的习惯以及实事求是的科学态度和严谨的作风。

四、讨论法

讨论法是由教师根据教学需要提出问题，组织学生展开课堂讨论，促使学生获得知识与方法，形成思想与观念，发展物理核心素养的教学方法。

对于讨论法的教育价值，教师不应当仅仅把它作为一般的教学方法来

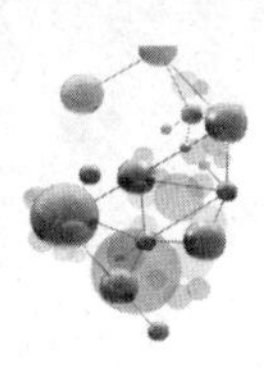

看待，而应该把它置于促进学生的认知从被组织阶段发展到自组织阶段的一个必要步骤的高度去认识。传统教学理论认为，教学过程包括“博学之，审问之，慎思之，明辨之，笃行之”。

根据这一理论，由于教师在教学被组织阶段起决定性作用，教师必须进行必要的讲授，这就从理论上为教师教学的必要性寻找到了依据。同样，因为学生在教学自组织阶段起决定性作用，知识最终必须由学生自己来建构，这也从理论上为学生自我建构知识建立了根据。最后，由于系统从无序到有序的转变需要非线性相互作用，这就从理论上为教师和学生之间讨论与谈话的价值奠定了基础。

运用讨论法的基本要求有以下四个方面。

(一) 讨论的问题要有启发性

提出好的问题是讨论的前提，只有问题具有吸引力，才能够激发学生的兴趣，才具有讨论、辩论和研究的价值。比如，原子能的利用通常采用裂变与聚变两种方式来实现。

裂变是一个重核分裂成两个中等核（以下简称“一变二”），聚变是两个轻核合成为一个中等核（以下简称“二变一”），这就相当于是两个相反的过程。有学生会问：怎么两个相反的过程都有能量释放呢？能量到底是从哪里来的呢？显然，这样的问题就是好问题，因为它能够引发学生的认知冲突。只有通过讨论，才能够使学生对原子能利用的来龙去脉有一个清楚的认识。

(二) 教师在讨论中要善于引导启发学生

当问题提出以后，教师要善于引导学生。引导就是帮助学生形成思考的方向与方法，把讨论集中到问题的主题和焦点上，使讨论向纵深发展。而当学生的讨论出现困难时，教师还要适时启发学生。启发不是明示，而是暗示，是引而不发，是引发思考。仍以原子能的利用问题为例，教师要引导学生思考，这个问题用原子核结合能的定义来解释是存在困难的。因为在原子核结合能的定义中，存在着两个对象，即原子核和核子，表示的是原子核和核子之间的关系。而在原子能的利用中，却存在着三个对象：重核（平均结合能较大）、轻核（平均结合能较小）、中等核（平均结合能较小），它表示的是原子核与原子核之间的关系。显然，只有这样进行引导，学生才会明白：原子能的利用是原子核变为原子核的过程，与原子核结合能定义中的原子核变为核子（或核子变为原子核）是两个不同的过程。

在引导的基础上，教师还要启发学生从核子与原子核的关系角度讨论裂变（或聚变）的过程。教师启发学生去讨论，首先，重核是怎么生成的？显然，重核的生成是在宇宙大爆炸时由核子直接生成了重核（这一步是自然界天然形成的），并释放出了一部分能量，但是在这种情况下核子的能量并未全部释放出，而是其中一部分能量还储存在重核中。其次，重核再裂变为中等核并把全部能量释放出来（这一步是人工反应形成的）。

（三）培养批判性思维

批判性思维是一种自我校准式的判断。批判性思维的形式包括识别误导内容、质疑有争论的论据、在争论中识别假象。在讨论法教学中，教师要善于利用否定方式推翻原有假设、产生是非标准、质疑教科书中的观点、采用正误对比等方法，培养学生的批判性思维。

结合裂变和聚变释放原子能的教学讨论，培养学生批判性思维的过程是：裂变的第一步是核子变为原子核的过程，第二步则是原子核变为原子核的过程，但整个过程合起来，还是核子变为原子核的过程。所以，裂变不是原子核变为核子的过程，恰恰相反，它是核子变为原子核的过程的一部分。

（四）教师在讨论中要做好讨论小结

在讨论结束前，教师要简明扼要地概括讨论的过程，使学生体会讨论的起点、转折与关键，反思自己的不足，并给出讨论的结论。

用最通俗的话来说，裂变和聚变之所以能够释放出原子能的根本原因是，核子在天然形成重核和轻核时，虽然释放出了核子中的一部分能量，但是没有把能量全部释放出来，而是有一部分能量还储存在重核和轻核中。裂变和聚变只不过是把其中存储的能量进一步释放出来而已。从本质上说，重核裂变和轻核聚变都是平均结合能小（或结合得比较松）的原子核变成平均结合能大（或结合得比较紧）的原子核，所以会释放出能量。

第三节　中学物理教学方法的选择与运用

古今中外积累的教学方法是十分丰富的，随着教学改革的不断深入，今后还会有更多新的有效的教学方法产生。在实际教学中，教师能否正确选择、运用教学方法，成为影响教学质量的关键因素之一。

一、教学方法的选择

(一) 理论基础

美国视听教育家戴尔（E.Dale）在《视听教学法》一书中提出了“经验之塔”理论[①]，对经验是怎样得来的这个问题提出了自己的观点。他认为，经验有的是通过直接方式得来的，有的是通过间接方式得来的。经验大致可根据抽象程度分为三大类（抽象的经验、观察的经验和做的经验）、十个层次。

在戴尔的“经验之塔”理论中，根据学生年龄不同，各种媒体可供选择的范围不同，列出了十种可供选用的教学媒体，并依照从小到大的年龄顺序，排列出一种可供选择的“经验之塔”。

最底层为做的经验，意指通过与实物媒体的实际接触获得在做中学的实际经验；中间层为观察的经验，意指通过观察实物媒体获得观察的经验；塔顶是抽象的经验，意指通过语言媒介的作用获得相应的知识经验。

从戴尔的“经验之塔”可以看出，不同经验的获得要选取不同的教学方法才能实现。做的经验的获取要采用让学生亲自做实验的方法，分组开展实验探究。例如，“流体压强与流速的关系”一节可以选择实验法让学生直观感受实验现象，以促使学生更好地形成物理概念。

观察的经验获取要选用演示的教学方法，可以采用教师利用教具在课堂上演示的方式，也可以利用多媒体以视频、图片、音频等形式向学生展示。例如，光的反射和折射、阿基米德原理两节课可以采用演示法，教师操作演示，学生观察讨论实验现象。

对于抽象经验的获取，教师必须运用语言的讲解才能使学生掌握。因

① 权大哲．中学物理教学理论与实践创新研究 [M]. 长春：吉林大学出版社，2020：98.

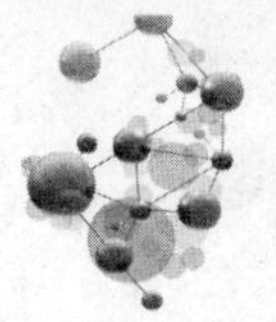

为系统知识的存在形式是逻辑的，而逻辑是不能用通常的器官去体验的东西，它是一种特殊的心理体验，只有借助语言将新旧知识连接起来，才能弥补感觉经验的不足。所以，无论选择何种教学方法都要借助一定的讲授，才能促进学生对物理知识逻辑性的把握。

（二）客观依据

教学方法的选择除了有理论基础还要有客观依据，不能只凭主观意向来确定，因此，我们认为选择教学方法至少要依据以下几个方面。

1. 教学目的

教学方法的选择要与教学目的相适应，要有利于实现教学目的。对教学方法选择直接起导向作用的是具体的教学目标，即由总的教学目的、教学任务分解出来的每个学期、每个单元、每节课的具体教学目标，这些教学目标既包括传授物理知识方面的内容，也包括科学方法、物理思想、物理观念方面的内容，还包括培养科学精神、人文精神方面的内容。每一方面的目标都需要有与该项目标相适应的教学方法。因此，为了选择最佳教学方法，教师必须懂得有关教育目标分类的知识，能够把总的、较为抽象的教学目标、教学任务分解为具体的、可操作的教学目标，并根据这些目标来确定采用何种教学方法进行教学。

2. 教学内容

教学方法的选择应根据教材内容的教学要求来确定，因为一门学科的内容总是由各方面内容构成的内容体系。在这一体系中，不同的内容又具有不同的内在逻辑和特点，有些内容采用讲授法较适宜，有些内容使用演示法较恰当，有些内容则适用实验法，有些内容又可以用讨论法。例如，同是物理概念，定性的物理概念可通过列举事实，运用讲授法教学；定量的物理概念则一般选用演示法或实验法，通过测量和分析进行教学。

3. 学生的实际情况

教学方法的选择要受到学生的物理认知水平和知识基础的制约。学生的年龄差异会造成认知发展水平上的差异，因此，对不同年龄阶段的学生要采用不同的教学方法。在初中阶段，大多数学生的物理认知水平处于具体运算阶段，因此，物理教学应广泛采用直观教学法，这样才有助于初中学生保

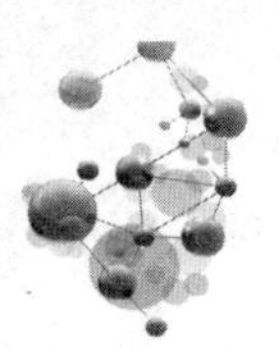

持对物理学习的兴趣和积极性。在高中阶段，更多学生的物理认知水平从具体运算阶段上升到了形式运算阶段，因此，物理教学宜更多地采用抽象、概括性较强的教学方法，如讲授法、实验法等。

除物理认知水平上的差别外，学生已有的知识基础和学习方式也是千差万别的，这对教学方法的选择也有着至关重要的影响。例如，有的学生对物理现象已经具有大量的感性知识，教师只要通过一般的讲解，学生就可以理解，而不必采用直观教具进行演示；反之，教师就必须采用直观演示的方法。对于已有自学能力和良好学习习惯的学生，教师可以在学生自学的基础上，针对学生可能遇到的疑难问题，运用讲授法进行教学；而对于自学能力较差和学习习惯不良的学生，则需要经过一个时期的自学辅导训练，待学生具有一定的自学能力后，再采用在自学基础上有针对性的讲授方法。

4. 教师的特点

教学方法的选择要考虑教师自身的能力和专业发展水平，还要考虑教师对各种教学方法的掌握和运用水平。有些教学方法虽好，但是如果教师不能有效使用，那么就不能在教学中产生好的效果，甚至可能出现适得其反的作用。教师个性上的差异也会影响他们对教学方法的使用。比如，有的教师擅长生动的语言表述，可以把问题和现象描绘得形象、具体，深入浅出地讲清道理；有的教师则善于运用直观教具，通过直观的演示来讲清理论，这两类不同特点的教师在教学方法的选择上优先考虑的重点是不同的。总之，教师要根据自身的能力和特点，扬长避短，发挥个人优势，选择与自己特点相适应的教学方法。当然，作为一名物理教师，应努力掌握各种教学方法，不断提高运用教学方法的能力。

5. 学校的特点

教学方法的选择要考虑到学校的客观条件。有些学校教学设备先进、实验室宽敞，可以选用学生一人一套器材做分组实验的教学方法；有的学校设备不足，就应该采用演示实验的教学方法；有的学校有多媒体，并且每个教室都能够上网，则可以将信息技术整合到物理教学中。

二、教学方法的运用

选择了适当的教学方法，还要能够在教学实践中正确地运用。为了在物理教学实践中正确运用教学方法，需要做到以下几点。

（一）要准确运用各种基本教学方法

讲授法、演示法、实验法、讨论法等是最基本的教学方法，掌握它们是对每个教师的基本要求。因为只有掌握了这些最基本的教学方法，才有可能掌握新的、更复杂的教学方法，才有可能创造出新的教学方法。基本的教学方法都具有相对的稳定性，即每一种教学方法都是由教师活动的方式、学生活动的方式以及信息反馈系统构成，要发挥其功能就需要考虑其自身固有的、相对稳定的结构。而每种方法的使用方式则是多种多样的，是随着教师、学生和教学条件的变化而变化的。教学方法功能的发挥取决于学的方式和教的方式是否协调一致。就每一种教学方法而言，教师在运用时要尽可能获得满意的效果。[①]

（二）要发挥教学方法的整体功能

为了更好地完成教学任务，教师在运用教学方法时要树立整体观点，注意各种教学方法的有机配合，充分发挥教学方法的整体功能。在教学过程中，学生知识的获得、能力的培养，不可能单纯依靠一种教学方法，而必须把各种教学方法合理地结合起来。这是因为：一方面，由于教学内容、教学对象、教学环境以及教师素质的不同，采用的教学方法势必不同；另一方面，每种教学方法均有各自的适应性，又有各自的局限性。显然，只有采用多种教学方法，才能调动学生的各种感官参与教学活动，增强课堂教学的效果。

（三）在运用教学方法过程中发展学生的核心素养

教学中的具体方法是很多的，但无论采用什么教学方法，都必须坚持以发展学生的核心素养为总的指导思想。伴随着新课改的进行，物理教学尤

① 冯连奎．中学物理教学策略的优化与创新 [M]. 济南：山东科学技术出版社，2020：193.

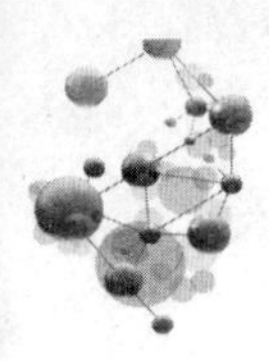

其强调培养学生的必备品格和关键能力，这对学生的一生来说都是至关重要的。所以，恰当地选择与运用教学方法，在很大程度上会影响到教学的效果，因此要杜绝单一的灌输式的传统教学方法，倡导启发式教学方法。教师在运用教学方法时，要认真研读本节课的教学目标和教学内容，充分关注学生的参与度，力求在最大限度上发展学生的核心素养。

第三章　中学物理课堂教学设计实践研究

第一节　中学物理教学设计概述

教学设计是一种有目的、有计划的特殊的认知活动。为达到教学活动的预期目的，减少教学中的盲目性和随意性，就必须对教学过程进行科学的设计。

一、物理学科教学过程设计概述

(一) 课堂教学设计目的

教学设计是指，教师以现代教学理论为基础，依据教学对象的特点和教师自己的教学观念、经验、风格，运用系统的观点与方法，分析教学中的问题和需要，确定教学目标，建立解决问题的步骤，合理组合和安排各种教学要素，为优化教学效果而制定实施方案的系统的计划过程。

教学是一个极具创造性的过程。教科书只能单向传递信息，不能根据学生的现场反应组织教学内容和选择教学方式。另外，教科书是根据广泛的、统一的读者对象编写的，无法对学生认知水平的差别和情感态度的差别等某一方面做具体的设计。然而，教师面对的学生是具体的、有特点的，因此，教师只有把《普通高中物理课程标准》(2017 年版) 的目标、理念和要求，以及教科书的教学内容和体现的教学方法，转化为符合自身特点的教学设计，才能有效地达到新的课程目标。

高中物理课堂教学设计的目的是通过优化教学过程而提高教学效率，它将有利于学生物理课程的学习。具体地说，物理课堂教学设计是教师的设计思想在教学中的运用，是教师在一定的教学理念指导下以物理教学理论为基础，运用系统的方法，为达成一定的教学目标事先对教学活动进行规划、安排与决策的过程。

教学设计有以下几个特点。

(1) 物理教学设计必须有确定的教学内容和教学目标。

(2) 教学设计是将诸要素有目的、有计划、有序地安排，以达到最优结合。

(3) 教学设计仅是对教学系统的分析与决策，是一个制定教学方案的过程，而非教学实施，但它是教学实施必不可少的依据。

(4) 教学设计并不排斥教学经验。教学设计是教师极富有创造性的工作，成功的教学方案凝聚着教师的个人理念、智慧、经验和风格。教师在长期的教学实践中积累起来的教学经验是宝贵的，是教师进行教学设计的依据之一。经验与理论的恰当结合才能使教学设计既有共性，又富有个性，体现出教学的艺术性。

《普通高中物理课程标准》(2017 年版) 提出了以下四个方面的教学建议。

(1) 从课程目标的三个维度来设计教学过程。

(2) 提高科学探究的质量，关注科学探究学习目标的达成。

(3) 使物理贴近学生生活，联系社会实际。

(4) 突出物理学科特点，发挥实验在物理教学中的重要作用。

大量的教学实践说明了课堂教学设计成功与否与教学设计的目的是否明确以及设计的程序、方法是否得当有很大关系。

(二) 课堂教学设计的原则

1. 理论指导与实践研究相结合

物理课堂教学设计不能以感性经验为依据，而要以先进的教育思想和教育理论为指导，这样才能以先进的教育理论来规范教学实践，提高教学质量，以减少实践的盲目性，增强自觉性。正是为了发挥理论的指导作用，教学设计又必须把理论转化为教学行为，给出教学流程，明确可操作的方法。

2. 静态设计与动态设计相结合

教学过程由教学初始状态、目标状态及二者的中间联系过程三者构成，因此，教学设计既要重视静态设计 (初始状态与目标状态)，又要重视动态设计 (教学过程的发展)，使二者在相互促进、相互转化中向前推进。

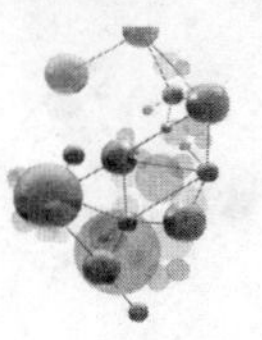

3. 施教者与学习者交互协调

教学过程既是施教过程，也是学习过程。教学设计的关键是促进两者的交互与协调，但交互的出发点与落脚点都应该以促进学生的发展为目的。

（三）教学设计的要素

课堂教学过程包含了许多方面：教师、学生、教材、媒体、教学目标、教学内容、教学方法、教学手段、教学测量、教学评价等。如何使这些方面能够有机配合、有序运行，促使教学效果的最优化，这是课堂教学设计的主要问题。课堂教学设计一般有四个要素：教学对象、教学目标、教学策略和教学评价。它们相互联系、相互制约，构成了课堂教学设计的总体框架。

1. 教学对象

教学活动的服务对象是学习者。为了做好教学工作，必须认真分析、了解学习者的情况，掌握他们的一般特征和初始能力，这是做好课堂教学设计的基础。

2. 教学目标

通过教学活动，学习者应该掌握哪些知识和技能，培养何种态度和情感，用可观察、可测定的行为术语精确表达出来，同时，要尽可能表明学习者内部心理变化（科学方法的目标应体现在教学设计之中）。

3. 教学策略

教学策略是为了完成特定的教学目标采用的教学模式、程序、方法、组织形式和对教学媒体的选择与使用的总体考虑（科学思想方法体现在教学过程中）。

4. 教学评价

教学评价包括诊断性评价、形成性评价、总结性评价三部分，评价的目的是了解是否达到教学目标，从而作为修正教学设计的依据（诊断性评价对教学设计的修正尤为重要）。

（四）教学设计的步骤

1. 分析教学内容，确定重点问题

教材分析是进行教学工作的一项最基础、最重要的工作。教材是教师

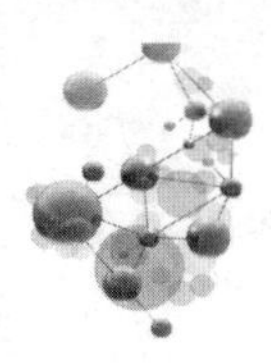

教学的主要素材，对教材内容解读分析是教师确定教学目标、进行课堂教学设计的首要步骤。教学难点是根据教材的特点和学生学习物理的思维规律与特点决定的。确定教学难点要从学生实际出发，重视对学生学习心理的分析，重视思维障碍的表现与成因。重点并不一定都是难点，难点从知识的重要性角度看也不一定都是重点。①

如在高一新教材第一章第五节“速度变化快慢的描述——加速度”中，加速度是力学中的重要概念之一，它是运动学与动力学的桥梁，也是高中一年级物理课中比较难懂的概念，它比速度的概念还抽象。对加速度的概念及物理意义的理解，是本节课的重点。学生对“速度的大小与加速度的大小没有直接的关系，速度变化大，加速度不一定大”的理解有一定困难，这是本节的难点。

2. 分析学生状况，创设问题情境

教学的一切活动都要着眼于学生的发展，并落实在学生学习效果上，因此，教师在教学中要充分地认识和把握学生学习物理的心理规律与学习状况。只有在充分了解和分析学生的基础上，才能使教学活动落实到学生身上。因而，学生学习物理的接受水平、心理特点和思维规律是分析学生状况的另一个重要依据。

在引入加速度的说法时，基于学生接受能力不是太强，先让学生感受。让他们感受的第一层是运动物体有速度，第二层是运动物体速度有变化，第三层是运动物体的速度变化有快有慢，从而自然地引入“加速度”这个物理量来描述运动物体的速度变化快慢程度。

3. 设计和选择指导学生探究的教学策略

高中物理教学主要以学生的探究为主，根据教学内容和教学重难点，教师在教学设计中要根据学生的个性特点以及学生的学习状况设计和选择适合学生学习的教学策略。

要得出加速度概念遇到的第一个问题是：分析所需的一系列速度值从何而来。大多数教师只是提供一堆现有数据给学生，由此归纳得出结论。这种方法虽然有效，但它缺乏科学性和可靠性，学生会误以为教师在“造假”。为避免这种不必要的质疑，为了让学生接触科学的真实，应让学生实际测

① 瞿永明 . 高中物理课程教学的思考与创新 [M]. 长春：吉林人民出版社，2021：136.

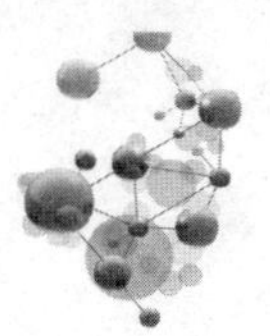

量，现场采集数据。必须设计一个实验，在较短时间内准确地测出一组速度值，然后学生才可以清晰地比较这两个小球速度变化的快慢情况。

如何测出物体运动的速度呢？实验室没有现成的测速度的仪器，而教材在第二章第一节才正式使用打点计时器探究小车速度随时间变化的规律，因此，这里不宜使用打点计时器。所以，提供给学生的仪器是气垫导轨和光电计时器，比较两个小球速度变化的快慢。教师向学生说明用挡光片的宽度除以时间为物体在挡光处的瞬时速度，记下相邻两个光电门记录的时间，可以算出时间段，这样既测出了某个位置的速度，又测出了两个速度变化所用的时间，就可以比较速度变化的快慢了。

4. 设计和选择指导学生完善知识结构的教学策略

在教师利用问题探究的方式帮助学生了解和学习了教学目标中要掌握的内容后，要设计和选择教学策略来把学生零散的知识系统化、生活化、实用化。

引入加速度的概念后，通过有趣的实例体会加速度的实际应用。通过具体数据表格说明匀变速直线运动是加速度不变的运动。由于速度和加速度具有的重要性及其关联性，应引导学生对速度、速度的变化量及加速度进行比较、分析，以期对它们有更深入的理解。教师可以用课堂讨论的方式向学生强调两个问题：第一，速度变化的大小和加速度的物理意义是完全不同的，速度变化大的加速度也不一定大，还要看这一变化所用的时间；第二，加速度的大小与速度的大小没有任何直接关系，如高速公路上高速匀速行驶的汽车，它的加速度为零。

5. 对教学设计的反思与评价

教学设计的反思，从本质上来说，就是教师的一种经常的、贯穿始终的对教学活动中各种现象进行检查、分析、反馈、调节，使整个教学活动、教学行为日趋优化的过程。通过对物理教学设计的反思，从而促进教师关注自己的教学行为，找出自己教学中的不足，也使得教师能够深入地开展教学研究活动。

二、物理学科课堂教学过程设计举例

教学过程设计举例：共点力的平衡。

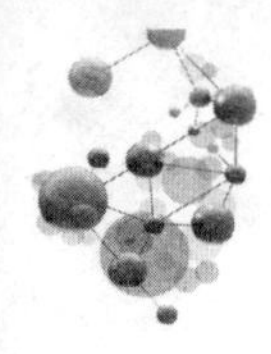

（一）教学任务分析

共点力的平衡是在学习了“力的合成”和“力的分解”基础上，对初中阶段已经初步学习过的物体平衡知识的进一步学习。有关物体平衡的知识是今后学习牛顿定律等内容的基础，因此，不仅在本章中具有重要的地位，而且在整个高中阶段都是非常重要的。

学习共点力的平衡需要以“力的合成”和“力的分解”的知识，以及对物体受力情况的分析和匀速直线运动的知识为基础。

通过录像、图片等现实生活中的事例，引出在共点力作用下物体平衡的概念。

联系“力的合成”和“力的分解”的知识以及对物体受力情况的分析，通过 DIS 实验或弹簧秤实验的探究，归纳、总结出共点力的平衡条件：$F_{合}=0$。通过课内学习训练交流，巩固对物体在共点力作用下平衡条件的理解。本设计强调对共点力作用下物体平衡条件的理解，让学生在学习的过程中经历科学探究的过程，体验科学方法的应用，并了解我国古代科学家张衡的相关科学成就，激发爱国主义情怀和对科学的追求。

（二）教学目标

1. 知识与技能

（1）知道在共点力作用下物体平衡的概念。

（2）理解物体在共点力作用下的平衡条件。

（3）知道我国古代科学家张衡的相关科学成就。

（4）学会应用实验方法研究物体在共点力作用下的平衡条件。

2. 过程与方法

（1）在对共点的三力平衡问题的探究过程中，感受等效、图示、归纳推理等科学方法。

（2）通过共点力平衡条件的探索过程，感受猜想、设计方案、实验探究、得出结论的科学探究过程。

3. 情感态度与价值观

（1）通过共同实验探究的过程，体验合作的愉悦，懂得合作重要，并乐

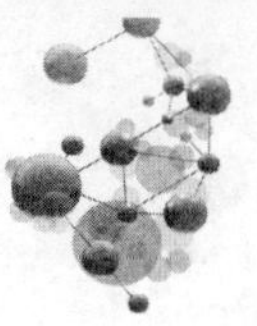

于合作。

(2) 通过 DIS 实验数据处理，领略信息技术的简洁、快速、直观。

(3) 通过对我国古代科学家张衡相关科学成就的介绍，激发爱国主义情怀和对科学的追求。

(三) 教学重点和难点

重点：物体在共点力作用下的平衡概念和平衡的条件。

难点：导出共点力的平衡条件的过程。

(四) 教学资源

器材: DIS 实验设备或弹簧秤、学生实验器材。

课件: 张衡及相关资料 (课件) 等。

录像、图片：我国举重运动员奥运会比赛夺冠录像，东方明珠、赵州桥等图片。

(五) 教学设计思路

本设计的内容包括两个部分：一是物体平衡的概念，二是物体在共点力作用下的平衡条件。

本设计的基本思路：以录像、图片和实验为基础，通过观察、分析、归纳得到物体在共点力作用下的平衡概念，进而根据 DIS 实验等探究，分析、归纳得出物体在共点力作用下的平衡条件，即 $F_{合}=0$；最后通过对我国古代科学家张衡相关科学成就的介绍，激发学生的爱国主义情怀和对科学的追求，巩固所学的知识，感悟物理学在社会发展中的重要作用。

本设计要突出的重点：物体在共点力作用下的平衡概念和平衡的条件。方法：从观看雅典奥运会我国举重运动员夺冠的内容录像，以及东方明珠、赵州桥及静止的花盆等图片，结合学生的亲身感受，通过观察、分析、归纳得到物体在共点力作用下的平衡概念；然后，通过分组进行 DIS 实验 (或弹簧秤实验) 探究活动，运用等效、图示、推理等科学方法得出物体在共点力作用下的平衡条件。

本设计要突破的难点：导出共点力的平衡条件的过程。方法：从二力平

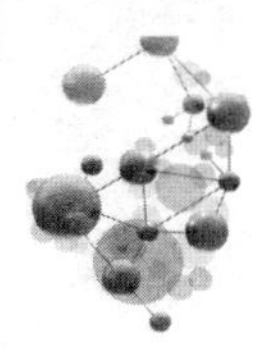

衡的条件 $F_{合}=0$ 出发，以“力的合成”(或“力的分解”)为基础，通过实验(DIS 实验或弹簧秤实验)探究活动，运用等效替代的方法，得出不在一直线上、共点的三个力的平衡条件同样是 $F_{合}=0$，进而推广到一般情况，即共点力的平衡条件为 $F_{合}=0$，体现从特殊到一般的归纳推理过程。

本设计强调学生的主动参与，重视概念的形成过程以及伴随这一过程的科学方法的教育，重视学生合作意识和合作能力的培养。

完成本设计的内容约需 2 课时。

第二节　中学物理教学设计的宏观与微观策略

一、中学物理教学设计的宏观策略

物理教学设计的宏观策略大体分为以下几个方面：教学内容分析、教学对象和教学情境分析、教学目标设计、教与学的活动设计、教学媒体选择以及教学评价。教学设计是教学备课的呈现方式、上课的依据，是提升备课质量和课堂教学效果的先决条件。

(一) 教学内容分析

教学内容是指，为了实现教学目标，由教育行政部门或教材出版机构有计划、有目的地设定，要求学生系统学习的知识、技能和行为经验的总和。它具体体现在教学计划、教学大纲和教科书中。物理教学的内容主要包括物理知识、科学方法、物理思想、物理观念、物理(人文)精神。教学内容的各部分不是孤立存在的，它们之间存在一定的内在联系。

教学内容的分析，一方面要确定教学内容的广度(指学生必须达到的知识面广度和技能范围)和深度(指学生必须达到的知识的深浅程度和技能的复杂水平)，另一方面要揭示教学内容各部分之间的联系，从而安排呈现的顺序，即“先教什么”与“后教什么”。

(二) 教学对象和教学情境分析

美国心理学家和教育学家布鲁姆认为，许多学生之所以未能取得最优

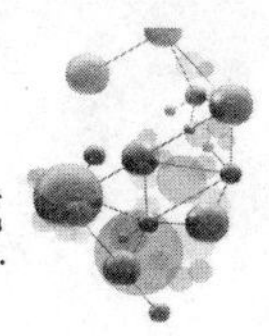

异的成绩，问题不在智力方面，而在于未能得到他们所需的适合各自特点的教学帮助和学习时间。学生是学习的主体，为了设计出最符合学生的教案，了解学生的特征就显得尤为重要。

教学对象分析主要从以下几个方面进行。①分析教学对象在学习本节课之前已经掌握的与本节课教学目标相关的知识和技能。在实施教学时，学生能将已有的知识与所讲的内容联系起来，从而促进新知识的学习。②预估学生面对新的学习内容是否有必备的行为能力。例如，在物理实验的教学中，预估学生的实验操作能力。③分析学生的一般特征。学生的一般特征是指与学科无关的生理、心理和社会因素，这些因素虽然与教学内容无直接联系，但与学生的自然认知发展与社会认知发展密切相关，影响着教学内容与教学活动的设定。④分析学生的学习动机。学生的学习动机是决定课堂教学效果的重要因素。通过了解学生的学习动机可以更好地选择教学媒体。

教学情境分析与教学对象分析同等重要，通过对教学情境的分析，能够使教师恰当地选择多媒体以及教与学的环境。

（三）教学目标设计

教学目标是规定学生在教学活动结束后表现出的学业行为，并限定学生在知识、技能的获得和情感态度方面发展的层次、范围、方式及变化效果方面的量度。对教学目标的准确表述，可以充分发挥教学目标在教学活动中的指向、评估和激励作用。在进行具体教学目标设计时，可以依据具体的学科知识类型、在学科中的地位或作用、学生未来发展需求、课程标准、学生现有的知识基础、能力水平等来进行。教学目标的表述（或编写、陈述）是教案撰写时的第一项任务，应按照一定领域、方法来表述。一般用比较清晰的、可操作的、可测量的、外显的动词来衡量学习结果，这样就使教学评价有了可参考的依据。像“了解”“理解”“掌握”是不可操作、不可测量、内隐的动词。例如，对于高中物理“曲线运动”一节中“了解曲线运动”这一目标的陈述，由于“了解”一词是一个内部心理过程，不能用于直接测量，目标标准不明确，可以将“了解”变成可测量和观察的目标。

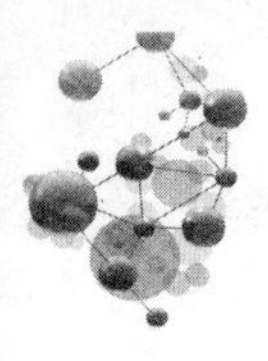

(四) 教与学的活动设计

教与学的活动，即教师教与学生学相统一的活动，是指为了达成教学目标，在教师主导下，充分发挥学生的主体作用而设计的一系列教学行为。

在教与学的活动设计上，传统教学的教学过程偏重以教师为主体，学生只是被动地学习和接受教学内容。而现代教学的教学过程要求教与学的活动设计强调以学生为主体，教师的教学活动应该建立在学生已有的知识和经验上，充分调动学生的积极性，在分析教学内容、学情以及教学目标的基础上，通过选择教学策略与组织形式，合理安排时间，从而设计教与学的活动。

(五) 教学媒体选择

教学媒体是承载和传递信息的载体，指的是在教与学的活动中，教师与学生之间传递以教学为目的的信息使用的媒介物，是教学材料的总称。常用的教学媒体有语言媒体、印刷媒体以及电子媒体等。

使用教学媒体的意义并不在于教学媒体本身，而是体现在如何使用这些媒体上。恰当地应用教学媒体可以发挥媒体的作用从而提高教学效果，而滥用不但不能收到良好的教学效果，有时还会产生反作用。教师应根据教学内容以及学习者的特征、教学目标的要求以及教与学活动的安排，恰当地选择教学媒体。例如，对于正处于具体运算阶段的中学生来说，在课堂教学引入方面，恰当使用视频有利于引发学生的兴趣，从而增强教学效果。

(六) 教学评价

教学评价是指，根据一定的标准或指标体系，运用各种有效的技术手段，对教与学的活动及其结果进行测定、衡量并给出价值判断的过程。教学评价是教学设计的最后一个环节，进行教学评价有利于教学设计者优化教学设计，同时，教学评价对设计者成果的价值观念认同也有利于提高设计者的积极性。

教学评价应该遵循以下 4 个原则。①客观性原则。在教学评价时，从测量的标准和方法到评价者持有的态度，都应采取实事求是的客观态度进

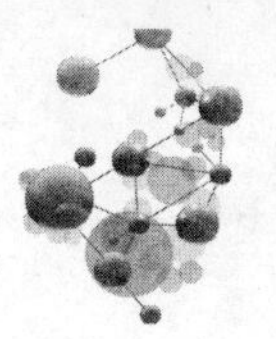

行公正的价值判断，不能主观臆断或者掺入个人情感。②科学性原则。教学评价标准和方法不能只靠经验与自觉，应结合理论进行科学的设计和安排。③整体性原则。在进行教学评价时，要对组成教与学活动的各个方面进行多角度、全方位的评价，不能以点带面，以偏概全。④发展性原则。教学评价要有利于学生的全面发展，有利于教师的专业发展。

二、中学物理教学设计的微观策略

对于物理教学设计，在宏观与静态上体现为教学展开的程序，包括教学内容分析、教学对象和教学情境分析、教学目标设计、教与学的活动设计、教学媒体选择以及教学评价，在微观与动态上体现为教学的思路、主线、本质以及逻辑。因此，物理教学设计应该从宏观与微观两个层面展开，并实现宏观与微观在教学设计上的统一和协调。

（一）构建教学思路

教学思路是教学设计的整体走向，具有高屋建瓴的指导作用。教学思路是教学设计微观操作中的首要问题；反之，忽视教学思路容易导致教学设计的逻辑混乱，从而难以形成科学有效的教学设计。

相较于传统备课来说，正是由于“权衡轻重”教学思路的构建，才得以使密度教学在比值定义法的支撑下沿着正确的方向展开。从比较两个物体不同的质量到最终得出比值与质量和体积均无关的意外结果，从而彰显出教学思路的导向性。

（二）确定教学主线

教学主线是贯穿各教学活动之间的桥梁，主要表现方式为物理思维方法的展开脉络。只有找到适合的物理思维方法脉络，才能更好地将零散的教学活动“串”成一个有序的教学过程。物理思维方法主要包括分析、综合、抽象、概括等获得知识的方法和应用知识的方法，在物理概念、规律的建立教学中，主要运用比值定义法、控制变量法以及演绎推理法等。而在物理概念、规律的应用过程中，则主要运用受力分析法、隔离法、整体法等。

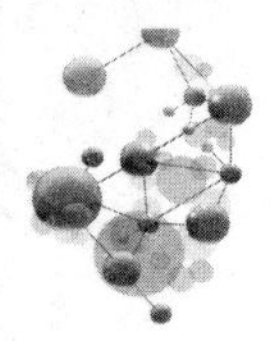

（三）诠释物理本质

物理本质是观察和探究我们周围的物理世界，试图从已知事物中确定某些潜在的秩序和模式。物理教学设计要诠释物理本质，是指要拨开一节课中烦冗的细枝末节，找到教学设计的关键。在这个意义上，诠释物理本质就是教学设计的画龙点睛之笔。也就是说，每个物理教学设计都要求有一个“本质诠释”，而这种“本质诠释”的重要来源，一是建立在对于物理教学设计的洞察和直觉上，二是建立在对物理学深刻理解的基础上。①

（四）彰显教学逻辑

教学逻辑是指，在教学设计过程中，借助物理直觉和洞察力建立恰当的逻辑起点，确定教学设计的方向；借助物理方法展开逻辑路线，使课堂教学有序推进；基于思维方法的显化，建立逻辑结构，从而使学生建立完善的物理认知结构并形成解决物理问题的能力。

以现行高中物理机械能守恒定律的教学设计为例，教学设计的逻辑起点是整个教学设计要达到把学生的思维由被组织阶段转变为自组织阶段的目的。为此，教师的教学要把学生的思维“送”到从被组织阶段向自组织阶段转化的临界区域。所以，机械能守恒定律的教学情境需要具有完备性。长期以来，高中物理教材设计的情境是，物体从光滑的斜面或者光滑的曲面滑下，只有从势能向动能的转变，而没有从动能向势能的转变，这种情境只是完整物理过程的一半。从教学逻辑来说，不完整的教学情境不利于学生形成完整的认知结构，因而高端备课将其改为光滑且对称的半圆弧曲面内小球运动的实验，从而较好地纠正了逻辑的不完整性。

在教学逻辑路线上，机械能守恒定律的推导采用的是演绎推理的科学方法，因此，教学设计就需要展现科学方法的展开步骤，从而推进教学的展开。这部分推导应由教师讲授，是教学的被组织阶段。当教师的推导结束后，教师就把学生的思维“送”到了临界区域。如何形成逻辑结构？显然，当学生之间相互讨论之后，教师要求每个学生自己借助小球从半圆弧底部只有动能到最后上升到半圆弧顶端只有势能的情境，推导出机械能守恒定律，

① 杨昌彪．高中物理教学设计 [M]．成都：西南交通大学出版社，2021：59.

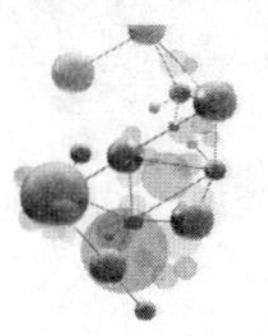

从而完成逻辑结构的建立。最终的教学逻辑结构是：教师推导机械能守恒定律→学生之间、师生之间相互讨论、交流→选取两个学生上台推导机械能守恒定律。

第三节　物理核心素养与中学物理课堂教学设计的融合实践研究

一、相关概念的界定

（一）素养

近年来，“素养”一词在教育界中被广泛提及。《现代汉语词典》对于素养的解释是：平日的修养。“经合组织”从功能论的视角来界定“素养”，认为“素养”是动态的和整合的概念，是能够应对复杂要求的能力，是比知识和技能更宽泛的概念，是“三维目标”的集合体，是基于行动和情境导向的。

现在教育界倡导的“素养”更多的是从学习结果的角度来解释在未来社会一个人通过终身学习适应社会生活并能够为社会发展做出贡献需要的品格和能力。

（二）核心素养

“核心素养”是经英文单词“Key Capability”翻译而来的，也可解释为“关键能力”。我国对核心素养的研究源于 1987 年，但直到 2013 年以后才出现喷井式的增长。依据我国教育的基本国情和社会发展对所缺人才的要求，对基础教育进行不断的改革，经历了由最初的“双基”教学到后来的“素质教育”，再到现如今教育部提倡的“核心素养”。《中学生发展核心素养》把它界定为：学生应具备的能够适应终身发展和社会发展需要的必备品格与关键能力。

（三）物理核心素养

国内外关于学科核心素养的研究大致可分为两个方向，如澳大利亚、

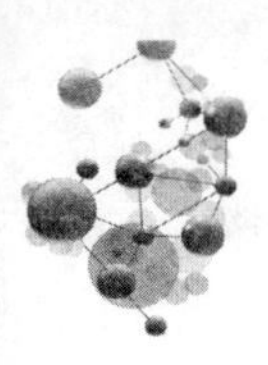

芬兰等国把核心素养不停地细分，当然也有一些学者觉得核心素养是一个完备的系统，不应将其单一切割，它是在各个学科彼此作用下一同培养的，换言之，一些普遍使用的要素在每个学科中都能有所表现，但每个学科又独具风格。譬如，语文学科重视学生的阅读理解能力，物理学科较为强调学生的逻辑推理能力、思维的缜密性，于是，要把核心素养具体落实到课堂教学中来，需要我们从核心素养的各个方面来审视每个学科对学生的培养价值，将其与学科教学有效地连接起来。核心素养是一个上位概念，学生课程培养体系确实以学科知识为载体，只有将其分解为具体可操作的目标，才能较好地与教学实践结合。

它主要由以下四个要素组成。

1. 物理观念

“物理观念”包括物质观念、运动观念、相互作用观念、能量观念等要素。物理观念是学生从物理学视角形成的关于物质、运动与相互作用、能量等的基本认识，是物理概念和规律等在学生头脑中的提炼与升华。物理观念其实与三维目标中的知识和技能相呼应，是物理教学目标的基本要求。在知识方面，学生经过学习在大脑中开始形成知识结构体系；在技能方面，学生会灵活运用所学知识阐释日常生活中随处可见的一些自然现象，并会用物理学的语言形容大自然中的情景。

2. 科学思维

“科学思维”是立足于物理学的角度对其现象、本质及内在规律的认识方式，是经验事实基础上建构理想模型的概括过程。科学思维的培养主要表现在：让学生在物理教学中能对客观事物进行抽象和概括，构建反映事物本质特征共同属性的物理模型和概念；具有规律意识，能通过科学推理形成物理规律及理论，解释自然现象和解决实际问题；具有证据意识，能评估并使用证据对问题进行描述、解释和预测；具有批判性思维的意识，能基于证据大胆质疑，追求科技创新。

3. 科学探究

“科学探究”主要包括提出问题、形成猜想和假设、制定计划与设计实验、进行实验与收集证据、分析与论证、评估、交流与合作七大要素。在知识方面，要求学生能够在平常生活中敏感地捕捉到一些自然现象和物理问

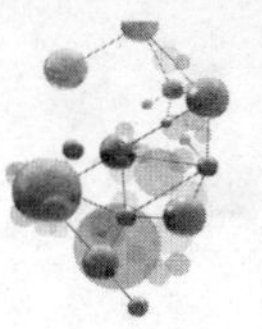

题，并提出合理的假设与猜测，因为提出一个问题往往比解决问题更重要；在技能方面，要求学生通过设计实验并实际操作以及整理实验数据，对实验结论做出准确的预测及合理的解释；在态度方面，要求学生养成实事求是的科学态度和科学精神，不弄虚作假，在实验过程中乐于交流和合作。

4. 科学态度与责任

“科学态度与责任”在知识方面的培养目标是要求学生理解科学、技术、社会、环境之间的内在联系，加深对科学本质的认识。在技能方面，站在巨人的肩膀上，利用他们的劳动成果和经验进行物理探究，以便减少错误的重犯，能在已有思路的基础上提出合乎逻辑的独到见解。在态度方面，培根曾说，“知识是一种快乐，而好奇则是知识的萌芽”，因此，我们要永远保持一颗好奇心去探索大自然的奥秘，畅游在知识的海洋中。科学技术有利有弊，需受到科学伦理的束缚才能造福人类。通过科学伦理、道德观的陶冶，才能培养拥有科学素养和人文素养的卓越人才。在培养学生责任感方面，可以把科技成果、相关的时政新闻与教学内容相结合，可以组织学生参观科技成果、收集资料等。这些活动可以开阔学生视野，课后实践与知识相结合，让学生体验到科技的力量，有利于培养学生的社会责任感。

总而言之，四大素养至关重要，它们构成了高中物理学科核心素养的主体部分，对培养学生各方面的能力、促进个人价值的实现和社会发展有重要作用。

二、发展物理核心素养的教学设计

（一）基于物理核心素养的教学设计分析

教学设计的过程实际上是为教学活动制定蓝图的过程。根据发展学生物理学科核心素养的设计理念，分析学习者当前的学习情况以及期望达成的状况，找出两者之间的差距，这是教学设计的起点，只有找准了这一差距，后面的设计才有方向，不至于迷茫。根据对学习内容和学习者的分析，确定合理的教学目标；选择适当的教学策略，它是落实教学目标的具体路径和方法；创设良好的教学环境，它是教学目标顺利达成的可靠保证；实施可行的评价方案，它是教学目标是否达成、对存在的问题进行调整和修正的依据。

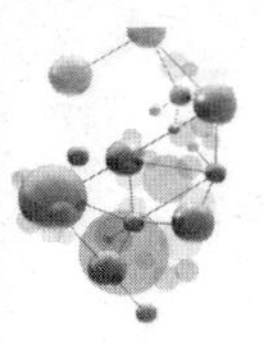

对学习内容和学习者进行分析是教学设计的基础，教学目标、教学重难点的确定是教学设计的关键，教学模式、教法、学法、教学媒体的选择是教学设计的落脚点，教学过程的设计是教学设计的重点，教学评价设计是教学设计成果的保障。发展学生的物理核心素养是教学设计的先导和指南，发展学生物理核心素养在整个教学设计中贯穿始终，因此，应遵守物理核心素养的培养策略。

以下对教学设计中的每个流程都进行了详细叙述。

1. 教学设计的前期分析

(1) 教学内容分析。

教学内容分析需要分析教学内容的组成部分以及教学内容是按照什么方式、方法组织的。基于物理核心素养教育理念，首先，教学内容分析应树立用物理观念统领具体章节的概念、规律教学的思路，分析该课题在形成学生物理观念过程中的地位和作用。在对应物理观念的统领下进行具体的概念、规律教学设计，有利于物理知识的整合、内化、提炼、升华，最终形成和发展物理观念。在分析教材时，重点分析本节课的教学内容在本主题（相应物理观念下的次级内容）以及相应物理观念形成过程中的地位和作用，进而分析本节课在整个物理观念体系中的影响。其次，分析本课题对发展学生的科学思维和科学探究能力有什么价值，具体有哪些内容有助于发展学生的哪些科学思维和科学探究能力要素。要摒弃知识本位观念，树立以人为本的理念，充分挖掘物理学科的育人价值，在传授物理知识的同时，努力将物理学家从事智能活动时的思想、方法等转化为学生的认识能力、思维方式和实践能力。最后，分析本课题中蕴含了哪些科学态度和科学本质、STSE[科学(Science)、技术(Technology)、社会(Society)、环境(Environment)]等教育因素，在知识传授的过程中潜移默化地将这些态度、观念等转化为学生的行为准则，发展学生的核心素养。

(2) 学情分析。

学情分析是对学生成长的各种主客观因素的了解与分析。孔子曾说:“求也退，故进之；由也兼人，故退之。”(《论语・先进》) 这是说，教育要因人而异，要具有针对性。也就是说，要善于分析学生的不同性格、爱好、兴趣，根据个体差异给每个人以不同的教育，使学生的学习达到欲罢不能的地

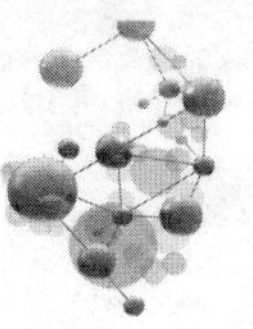

步。“不愤不启，不悱不发。举一隅不以三隅反，则不复也。”（《论语·述而》）这是说，教师要按照学生的思维和进度施教，为学生的主动学习提供服务，不能拔苗助长。所以，充分了解和分析学情，为学而教，因材施教，是开展一切教学活动的起点，古今中外的教育活动概莫能外。①

2. 教学目标的设计分析

通常，我们将物理课堂教学目标简称为“物理教学目标”。物理课堂教学目标主要是对物理课堂教学过程进行详细而具体的描述，并预期学生在教学过程中可能发生的外显的学习行为过程、学习结果、学生在学习变化中的心理过程。目前，高中物理教学的“三维目标”中基本只关注“知识与技能”目标的完成情况，因为足够应对考试，在过程与方法目标完成后又掌握了一定的科学方法，则更深一步的情感态度与价值观目标的提升将不会得到更多的关注。爱因斯坦曾说：爱为学问之始。学生对物理的学习兴趣、学习态度对于物理学习是至关重要的，但是这一点在教学中往往不受重视。在物理教学中，教师仅仅教授学生物理知识，在课后练习中面对的又是永远解不完的习题，使学生对物理世界的魅力不得而知，即便达到了学习知识的目标，但学生的抽象思维、思考问题的方式没有得到系统训练，也不可能使学生形成物理学科的素养。所以关于物理核心素养，我们可以把目光放在构成物理核心素养的四个要素上，依据这四个构成要素和具体的教学内容来灵活变通设置教学目标。

在物理观念方面，以物理学视角看问题，从物质、运动与相互作用等来对待自然，了解自然。例如讲解向心力，为培养学生向心力的观念，让学生对向心力的所有可能来源有一个具体了解，知道什么是向心力、向心力具有哪些特征、生活中一些利用向心力的现象，以及向心力与当前的科学技术发展的联系。

科学思维方面应该着重发展学生的思维能力，让学生能够在事实证据的基础上进行模型建构，通过科学的推理方法面对不同观点提出建设性的意见。在科学探究方面，注重培养学生面对物理情境要善于提出问题的能力。著名哲学家苏格拉底曾经说过：“问题是接生婆，它能帮助新思想的诞

① 王明月．基于物理核心素养的高中物理教学设计研究 [D]. 南昌：江西科技师范大学，2020：54.

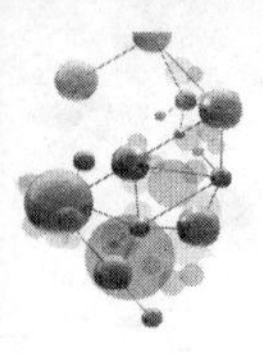

生。”在此基础上进行合理猜测、设计和实施，收集证据，归纳出结论并做出解释。

在科学态度与责任方面，要培养学生认识科学本质，理解 STSE 与物理知识之间的密切联系，对科学的研究有正确的伦理道德观念和社会责任感。在实验数据的收集和整理的过程中要养成实事求是的科学态度与优良的科学作风。

3. 重点和难点的分析

对于教学重点，仁者见仁，智者见智，国内的诸多研究者普遍认为，所谓的“重点”就是贯穿全局的知识，在教学内容中起核心作用，这个重点像一条线横穿课程的始终，所以教学设计中重点的确定会影响整节课的学习。对于大多数学生而言，教学难点是难于理解和掌握的内容。依据前人累积的经验可得，教学难点主要分为三种情况。一是著名教育学家维果茨基提出的“最近发展区”理论，指的是儿童现有的水平和教师期望学生到达的理想条件之间的差距，如果将它缩短或消失，需要师生共同努力，在这个过程中若再出现困难，此刻教学难点就产生了。二是对于学生而言，难点通常是指学生难以把握和驾驭的内容，或易混淆的概念。三是从教学的方面出发，教学是一个复杂的过程，包含教师教、学生学两个方面：要求教师对要教的内容掌握透彻，专业知识扎实，有自己的教学方法和风格，符合新课程标准的要求，能够激发学生的学习兴趣，尽可能地化难为易；学生学则需要学生认真听教师的讲解，不懂的地方和教师以及同学相互交流，共同学习，直到掌握这节课的内容为止，如果这个过程出现问题，难点也就出现了。

4. 选择教学模式，分析教法和学法

师生只有在教与学的过程中才能碰撞出灵感的火花。如果本节课是一节概念课，则重点是将培养学生的物理观念作为本节课的教学目标，那么可以选择启发引导模式；探究式教学要有一定的启发性，善于抓住探究的重点，讲授逻辑清晰，尽量让学生独立探究，防止学生过分依赖；讨论法能让学生发散思维，集思广益，从而能较全面地掌握所学内容。如果将学生科学思维或科学探究能力的培养作为重点，我们可以选择实验推理法或分组实验法；若将学生科学态度与责任的培养作为本节课的重心，我们可以选择课题研究模式，让学生自学和讨论等。正所谓“教学有法而教无定法”，教学方

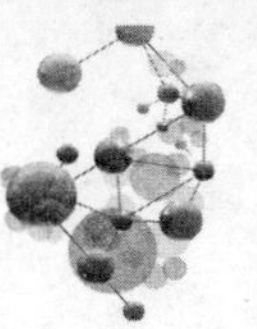

法的选择要根据教学目标的要求，体现学科特点，依据教学内容及学生实际情况，结合教师自身教学特点进行选择。

5. 选择教学媒体

如何选择适当的教学媒体，可根据本节课的抽象程度或难易程度而定。针对抽象的、不便用实物展示或容易受环境影响的教学内容，譬如，肉眼观察不到的电场、磁场等，或平常接触不到的微观的物理世界等可以使用多媒体技术，通过播放图片、动画、视频等多样性的方式向学生呈现所学内容，不仅丰富了学习内容，也便于学生理解和学习。

6. 教学评价与修改

通过教学评价可以获得教和学的反馈信息。对于学生而言，教学评价可以帮助其及时发现学习中存在的一些问题，让学生认识到自己学习方法的不足，或知识理解中易存在的误区，有助于学生查漏补缺，进而改进自己的学习方法，从而达到事半功倍的效果。对于教师而言，教学评价可让教师自我反省，对教学设计进行全面检查，教学目标是否顺利完成、学生是否成功克服了本节课的重难点、教学设计的优点以及需要改进的地方等。课堂完成后，比较反馈结果和预期结果，分析出教学设计环节中需要改进的地方，不断完善，提高教学质量。核心素养下的教学评价采取形成性评价和终结性评价相配合的方法，除考试或做练习题的方式来检查学生的学习效果外，还可在平常的课堂中随时考查学生在物理核心素养各个方面的养成状况。譬如，考查学生的物理观念时，教师可让学生绘制概念图或思维导图；考查科学探究和科学思维时，可时刻在课堂中完成，观察学生是否积极思考回答问题，是否顺利完成实验探究等；考查科学态度与责任时，可观察学生在日常中的所作所为。

(二) 物理核心素养的培养策略

1. 物理观念的培养策略

(1) 厘清前概念，激发认知冲突。

高中知识是初中知识的进一步延续，学生原有大脑中的认知和赖以形成的思维方法对新知识的学习在很大程度上起决定性作用。因此，教师在开始教学之前，应该提前调查学生已有的前概念，创造相关的物理情境，激发

学生的认知冲突，指引学生在解决问题的过程中调整自己考虑的局限性，纠正错误的前概念，在头脑中建立正确的前概念并对其加工和补充，从而建立正确的新概念。

(2) 围绕重点概念展开教学。

物理概念贯穿在物理学习的整个过程中，通过整合物理知识的重点概念、原理和方法，像一根纽带将众多物理知识的核心内容联系起来，学生可能过一段时间会忘记前面所学的内容，但重点概念在学生头脑中印象深刻。因此，只有充分理解物理概念，才能使后续的物理规律、原理及其应用的学习游刃有余。重点概念对知识结构的形成举足轻重。在学习物理概念和规律的过程中，学生应厘清概念的内涵和外延，促进物理观念的形成，并利用物理观念解释生活中的物理现象。

2. 科学思维的培养策略

(1) 重视模型建构。

所谓“建构物理模型”，就是要立足于所要研究的内容，为便于研究而引入的一种科学方法。物理中许多事物的研究在一定要求下都可以抽象为物理模型。这样不仅可以大大简化所要研究的问题，也不会出现较大的偏差。例如，为精准地描述物体的运动，我们引入了质点这个理想模型，大大简化了问题研究的难度，让学生了解为什么要建构物理模型以及运用的方法，体会建构物理模型的思维方式。物理模型的建立是前人探索物理的智慧结晶，蕴藏了一定的科学方法。

(2) 注重物理科学方法教育。

人们经历对物理现象的长久探索、分析，归纳出物理规律并进行验证，进而建立物理学理论体系，总结出科学方法和手段。“所谓物理科学方法”，就是在解决物理问题时运用的思维方式、提升学生科学思维的有效方法。譬如，在学习电场时，比较抽象，学生难以理解，我们可以类比前面所学的重力场和重力势能引入电势能。在学习瞬时速度时运用极限思想，丰富了学生的思维。

3. 科学探究的培养策略

(1) 鼓励学生亲历实验探究过程。

在以往的实验教学中，多数教师把自己大部分的时间和精力放在了书

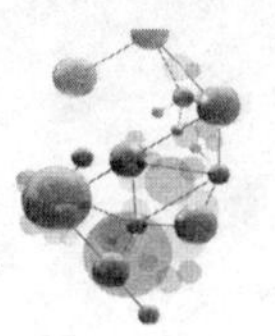

本知识的传授上，对于实验，学生总是在教师有意识的规划下进行简单的重复，这种情况下，忽视了学生的动手操作能力和实践能力，学生并不能体会到探究实验的乐趣。所以，教师要利用实验在教学中的影响，在向学生展示演示实验的同时，更要让学生参与进来，鼓励学生亲身经历探究过程，把主动权交给学生，教师点到即可。科学探究源于问题，学生质疑的问题才是他们发自内心想要去探究的方向，所以在科学探究中，教师应该给学生更多展示自己的机会。学生会由于自己的参与而充满干劲，记忆深刻，更加珍惜自己的劳动成果，从而提高教学效率。

(2) 小组合作交流。

大多数高中物理实验需要学生分组合作来完成，每个学生擅长的部分不同，所以在小组实验中扮演不同的角色，并以合作的形式开展实验，可培养学生的集体责任感，使学生在合作中彼此相互促进，不断地提高和完善自己。例如，可以让学生到讲台上帮助教师进行演示实验并进行互动，在充分观察物理现象的基础上，由学生逐步思考分析，提出问题并猜想与假设，然后分组实验进行验证，由小组成员选择组长并明确组长任务，在组长的安排下，小组成员分工明确，有的组装实验，有的测量数值，有的记录数据等，小组协作完成实验，合作探究发现问题，共同讨论问题，在合作中增长了知识，在实验中培养了情感，提高学生的动手操作能力。

4. 科学态度与责任的培养策略

(1) 实事求是做实验。

实验在物理中举足轻重，在实验过程中，经常会受到其他因素的干扰，难免会存在误差，所以学生在做实验时可能得到的实验数据与理论有所偏差。教师应该指引学生正视实验误差，不能随意修改或者捏造数据，引导学生在误差允许的范围内得出物理规律，养成实事求是的科学作风和科学精神。

(2) 加强 STSE 教育。

在物理知识与 STSE 之间架起一座桥梁，使其贴近我们的生活。将物理教学与 STSE 结合起来打造现代化的教学课堂。例如，互联网极大地方便了我们的生活，但是电磁辐射会对我们人类的身体带来一些负面影响，通过 STSE 教育，我们的社会将持续、和谐、稳定地发展，树立环境保护和可持续发展的意识。物理教师可以阅读一些物理趣味书籍，一些物理学家的传记

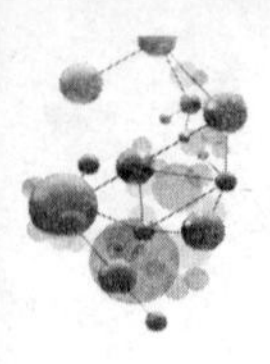

和小故事，尤其是一些我国物理学家的生平、主要功绩和感人事迹，并鼓励学生多多关注科技新成果，比如，磁悬浮列车、北斗卫星、GPS定位系统、辽宁舰等相关内容，不仅可以开阔学生视野，加强学生对物理的热爱，还可以激发他们的民族自豪感。

三、基于物理核心素养的教学设计案例

以“牛顿第一定律”的教学为例进行教学设计。

（一）教学内容分析

“牛顿第一定律”出自2014年人教版高中物理必修一第四章第一节的教学内容，在整个物理学中具有举足轻重的地位，它奠定了物体力与运动之间关系的基础，为后面牛顿第二定律、牛顿第三定律等知识点的学习打下坚实基础，起承上启下的作用。在对牛顿第一定律的探索过程中提出的科学推理方法以及敢于质疑和创新科研精神值得我们后人学习，因此，正确理解和掌握牛顿第一定律、惯性等知识点尤为重要。

（二）学情分析

在知识层面上，本节课虽然在初中阶段已经学过，但初中阶段的学习仅停留在表面上，了解得不够深入，尤其是对伽利略理想实验的推导过程较为生疏，对惯性也存在一些误区。在技能方面上，高一学生通过两年时间的物理学习，已经具备了一定的观察能力和分析能力，但是由于牛顿第一定律不能由实验直接导出，必须在实验的基础上进行科学推理，因此，在此进程中需要一些感性认识作为依靠，利用实验的直观性和形象性，帮助学生理解和掌握。

（三）教学目标分析

通过教学内容的分析可知，在物理观念方面，本节课提到了牛顿第一定律、惯性等观念。在模拟伽利略理想实验的过程中把这节课中的各个物理概念融会贯通，形成完整的物理观念。

在科学思维方面，培养学生能理解和准确使用科学推理的思维方式，

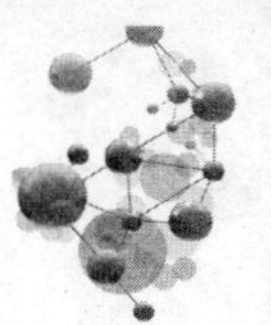

运用斜面实验进行科学的推理，进而得出牛顿第一定律。培养学生敢于质疑的品质以及从各种方面考虑问题的思维。

在科学探究方面，要擅长培养学生的科学探究意识，让学生能够在物理情境中发现问题并提出合理猜测。例如，力与运动有怎样的关系？结合物理学史和生活实例引出伽利略的理想斜面实验。

在科学态度与责任方面，通过本节课的学习，举出牛顿第一定定律、惯性等相关知识在生活和生产中广泛使用的例子，例如，通过大巴车超载、系安全带的举例培养学生一定的社会责任感。

（四）教法与学法分析

“教无定法，贵在得法”，有效的教学方法是取得良好教学效果的保证。依据新课程提倡“以学生为主体、教师为主导”的探究式学习的教育理念，本节课主要选用以下教法：实验探究法、科学推理法、讲授法、归纳法等，让学生在教师引导下，通过问题讨论法、控制变量法等总结出牛顿第一定律。力求做到“三动”，即“全动、互动、主动”，充分发挥学生的主体地位，进而实现培养学生的创新精神和创新能力的目标。

（五）教学过程设计

1. 引入新课

演示实验 1：在桌上放着一个静止的小车，怎样才能让它运动起来呢？向学生提问并解释原因。

【设计意图】通过演示实验提问设疑，调动学生学习的兴趣，引入“力与运动之间的关系”，导入新课。

2. 新课教学

引入物理学史。历史回顾，引入亚里士多德的观点：必须有力作用到物体上，物体才会运动。这种观点的提出符合人们的日常生活经验，例如，门不拉不开，车不推不走，等等。这种观点统治人类思想两千多年。

演示实验 2：撤去力后，小车会如何运动？

学生将会发现撤去力后物体还能运动一段时间才停下来。从这样一个实验可以直观地看到亚里士多德的观点是错误的，首次敢于指出亚里士多德

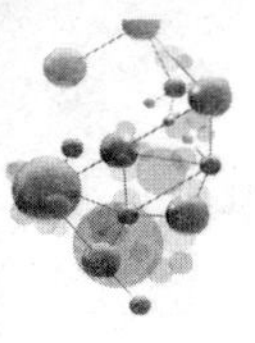

错误观点的是意大利科学家伽利略，进而引入伽利略的理想斜面实验。

【设计意图】使学生都能参与到实验中来，体验实验的乐趣，通过实验认识到感性认识是不可靠的，并激发学生敢于挑战权威、敢于质疑、勇于探究的科学态度与责任的价值观。

3. 实验探究

(1) 课堂演示伽利略对接斜面实验。

使小球分别从铺有毛巾、棉布、近似光滑的界面从静止状态开始滚落，再滚上另一个斜面，在小球向第二个斜面滚动的最高位置做上记号。

①提问：小球滚动到第二个斜面的最高处和在第一个斜面上的高度存在什么不同之处？比较小球在哪个斜面上的运动能够达到最高。

②设疑：假如没有摩擦，小球将上升到怎样的高度？

【设计意图】引导学生在实验基础上进一步科学地想象推理，理解当斜面没有摩擦时，小球滚到第二个斜面的高度和从第一个斜面滑落时的高度相等，进而抽象理性地理解什么是理想状态。

分别演示小球在斜面高度最高、次之、较低沿同一高度释放小球，并标记小球滚到第二个斜面的高度。

提问：通过以上的实验，将第二个斜面的倾角减小时，小球运动的距离更远，这是为什么？将斜面倾角持续减小，直至水平位置。假如水平轨道无穷远且无摩擦，小球的运动又是怎样的？

【设计意图】启发学生在实验基础上，运用抽象思维理解没有摩擦力的理想状况，进行科学的推理。引导学生不断完善自身的物理观念，通过实验探究过程达到培养学生科学思维和科学探究能力的目的。在创造物理情境时，学生能建构物理模型描述力与运动之间的关系。

(2) 笛卡尔的观点。

伽利略的观点说明没有摩擦小球会一直运动下去，但是如何运动，伽利略并没有详说，进而引入法国科学家笛卡尔的观点：若无其他因素，小球将继续沿一条直线既不会向左也不会向右一直运动下去。

提问：前面这三位研究者对力和运动之间的关系所持观点有何异同？

【设计意图】在介绍物理学史的过程中，学习伽利略不畏强权、敢于质疑的正确的科学态度与责任，同时，通过科学家一系列的探究，对其进行总

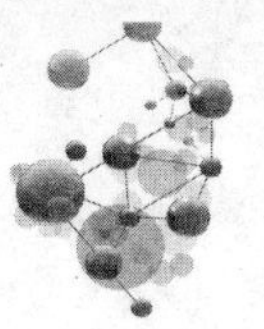

结归纳进而引出牛顿第一定律，培养学生归纳总结的能力。

(3) 牛顿第一定律。

提问：牛顿第一定律都有哪几个方面的含义？

【设计意图】突出牛顿第一定律至关重要，虽然只有简短的一句话，却蕴含许多物理知识。指引学生深入理解“一切”“不受外力”“总”“或”等深刻的物理含义。

(4) 惯性。

播放录像：神舟六号宇航员吃早餐。

思考问题并讨论：若同学们正在进行运动会，所有的力突然消失了，会产生什么样的情况？

【设计意图】加深对牛顿第一定律的认识。

活动 1：在桌面上竖立五颗象棋，用一把直尺把最下面的那颗象棋击打出去，上面四颗象棋掉落下来。

活动 2：一个装满液体的饮料瓶倒扣在一张纸条上，快速抽出，瓶子不会倒。解释其中的惯性原理（对惯性的定义进行说明，进而解释牛顿第一定律又称为“惯性定律”的原因）。

【设计意图】激发学生的好奇心，并进一步理解牛顿第一定律又称为“惯性定律”。

请同学们举例，在日常生活中有哪些现象与惯性有关？

【设计意图】鼓励学生在课后就生活中与惯性有关的现象做进一步探讨。真正体现从生活走向物理，从物理走向社会的教学理念。

提问：影响物体惯性大小的因素有哪些？

活动 3：将乒乓球和羽毛球分别悬挂在两根细线上，请一名同学一口气将这两个球吹开，观察哪个球更方便吹开。

【设计意图】激发学生动脑思考，保持高度的兴趣。

播放视频：车祸现象。

【设计意图】让学生不断地认识生活中常见的力与运动的现象，将枯燥的理论知识与生活接轨，贴近现实生活，灵活应用学到的新知识来解释系安全带、汽车超载等社会生活现象，让学生体会到物理学来源于生活，又应用于生活，物理不仅可以推动社会的发展，还可以通过惯性的学习提高学生的

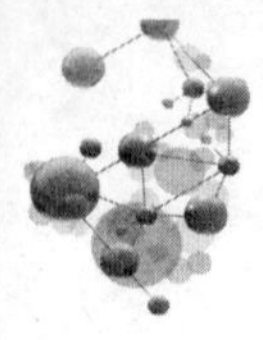

社会责任感。

4. 课堂小结

本节课的所学内容将由学生自己总结，梳理本节课的知识点，形成自己的知识。

5. 布置作业

完成课本 70 页“问题与练习”，课后寻找在生活中对惯性的应用和防止的现象。

【设计意图】课堂作业和课下实践相融合，再次巩固本节课的内容，同时，启发学生要善于观察和发现生活中的物理现象，培养学生的科学态度与责任。

第四节　多种教育理念与中学物理课堂教学设计的实践研究

随着物理教学的不断改革，高中物理教学需要不断创新教育教学理念，将先进的理念与高中物理教学设计深度融合，不断提升物理教学质量，激发学生的学习兴趣。具体以 OBE 教育理念、STEM 教育理念、HPS 教育理念等与物理课堂教学设计的深度结合展开讨论。

一、基于 OBE 教育理念的高中物理教学设计

（一）OBE 教育理念的概述

1. OBE 教育理念的内涵

斯派蒂（Spady）在 1994 年发表的《成果导向教育：争议与答案》一书中对 OBE 的概念做出清晰界定，即“清晰地聚焦和组织教育系统，使之围绕确保学生获得在未来生活中获得实质性成功的经验”。[①] 在这一理念下，学生以何种方式学习、什么时间开始学习、多久才能完成任务远不如学生是否具备能力、是否取得成功重要。概括起来，只要方法得当、时间充足，所有学生就都能成功，时间只是 OBE 教育理念的一种可变资源，学习方式的多

① 孔永吉．物理创新性教学与高效课堂 [M]. 长春：吉林人民出版社，2022：99.

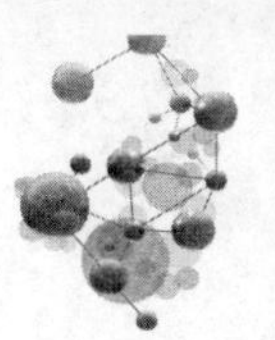

样化也只是如何高效达成目标的一种选择，它们以学生的发展为依据，均可作为协调因素，教师、学校甚至教育管理者都是为学生通往成功搭建平台的圆梦者，这一切都是服务于、聚焦于“教育的成果”这一导向。在OBE中，教育的成果是学生在毕业时应达到的标准，它是教育者结合社会的实际需求和个人的终身发展而预设的面向全体学生的基于他们现有水平的最低标准。由于OBE教育理念具有“反向设计、正向实施、持续改进、关注需求、注重产出、突出能力”等优势，在欧美国家以及我国教育界逐渐盛行，广为流传。

2. OBE教育理念对传统教育的转变

(1) 从教师中心转变成学生中心。

高中物理知识因其理论抽象、内容包罗万象、逻辑严谨等特点，教师在讲授知识时受到自身多年教学经验丰富的影响，难免会无心地忽略细微环节，进度略显紧凑，这使得教师知道自己在讲什么内容，而学生“一脸茫然”，有时整节课堂学生都不知道是在学新课还是在复习，不知所学的内容是第几章第几节，甚至学生连教材都没有认真翻阅过，久而久之，出现了学生对知识学不懂、理不透的现象，加之知识体系的连贯性与整体性导致学生前后知识的断层，最终对物理失去信心。

结合以上教学现状，高中物理课程教学应该摒弃教师“满堂灌”的传统教学模式，应让学生变成主体，比如，在“探究加速度与物体受力、物体质量的关系”这一实验教学中，学生在实验中得到了多组数据后，教师可以让他们自己尝试来确定坐标系横、纵轴的物理量，以便于清晰直观地反映三者的关系，并结合数学函数关系得出结论。角色的转变不仅加深了学生对知识的理解能力和应用能力，而且提高了学生的自主学习能力、解决问题能力。把学习的权利交给学生，让学生成为教育的中心是教学模式深化改革的重要举措，也是OBE教育理念的核心。

(2) 从重视资源投入转变成重视学生产出。

在传统教育中，人们把教育的输入当作教育环节的重点，注意力集中在财政的投入、资源的提供、基础设施的建设等，甚至极端地认为付出的人力、物力和财力越多，教育的产出就一定越理想，而且倾向于使用经济学理论作为他们判断教育系统质量价值的基础，普遍认可“投入与产出成正比”

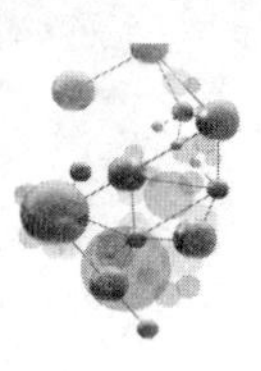

这样的片面假设，而问题在于，不断地、大量地进行教育投资后在检验教育成果时却差强人意，大多数学生在学业结束时无法与未来在社会中的角色相适应，教育者虽无奈却只能接受任何可能的结果。

OBE 教育理念强调，将注意力集中在教育的产出或结果上。在教育的输入上，OBE 相信只要给予学生足够的机会，教师以发展的眼光对每一名学生都充满期待，学生就一定能成功。在教育过程中，一切形式的组织活动、教育训练都是围绕教育成果去设定的，OBE 没有对教学方式提出特定要求，没有指定唯一的教学内容，而是对学生最后的学习产出提出要求，将预先制定的学业质量标准作为教师和学生努力的方向，这种标准是学生在毕业时应具备的一种长期的、与未来学习和工作相关的能力，因此，学生也应该提前了解自己在短期、长期的学习目标，这样更有利于最终期望的达成。在整个教育过程中，管理者通过开展学习产出评估及时了解学生是否达到了阶段性教学目标，根据评估结果及时补齐短板，譬如，重新调整资源配置、加强师资队伍培训和完善学生辅导工作等，持续改进、不断优化教学，体现 OBE 教育理念“多维度考核、以成果为导向”的特点。

(3) 从强调分数等级转变成强调能力培养。

传统的课堂教学模式是封闭的，表现为教师在固定时间、固定地点完成固定的教学任务，以“教师传授知识、学生能背诵笔记并会答卷”为目标，教师只需要把固化在教材中的知识以课件、板书或者其他形式展示出来再灌输给学生，整个过程学生作为受教育者是被动地甚至是机械化地“死记硬背”，忽略了生命个体的主观能动性，弱化了“思”的重要性，而思维在认识世界和创造世界中起到了不容小觑的作用，思维的建立也是形成能力的基本前提。

OBE 教育理念强化了能力的培养以及社会责任的形成等方面的重要价值。其一，物理学科核心素养包含了对学生自主学习、质疑创新、逻辑推理、科学论证等能力的培养，这些为学生终身发展奠定了基础；其二，教育培养出来的人才一定是具有爱国情操、为祖国建设做贡献的，最终才能够培养出适应整个社会需要的综合型素质人才。

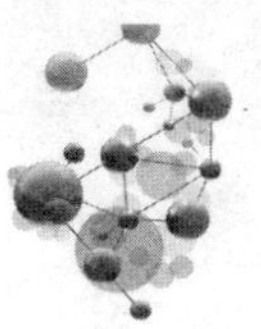

(二) 基于 OBE 教育理念下的物理教学设计分析

1. 高中物理教学需求分析

需求分析是构建 OBE 教学设计的基础，包括内部分析和外部分析，内部需求是核心，外部需求是基础。内部分析即了解学生的身心特点、学习现状、学习困难及困难成因，外部分析是指国家和社会对高中生寄予的培养期待。只有对学生有了充分的认识，对国家需要的人才有清晰了解，课程设计才能更加贴合学生发展，制定出的学习成果才能更加清晰、合理。

(1) 内部分析。

由于一考定终身高考制度的影响，教师在进行高中物理教学时通常以直接的讲授式教育甚至是灌输式教育为主，并辅以大量的习题训练，使得学生苦苦挣扎在题海战术之中。在这种应试教育极强的目的性下，教师单一的教学方式、枯燥的课堂教学氛围，导致学生最后只是会背诵、会默写，在实际运用时却是纸上谈兵。鉴于以上教学现状展开学情分析，高中学生已经具有较强的逻辑思维和抽象思维能力，能够从更深层次理解知识，因此，对高中学生的教学要遵循学生的最近发展区，制定的学习目标和学习成果要在学生努力之后可以达到，要将学生的整体化发展和个性化发展相结合，既促进学生的能力和知识得到全面发展，又促进学生的个性得到全面发展。在教学过程中，将 OBE 教育理念与教育教学规律相结合，使教学符合教育规律，使学生得到更好的发展。

(2) 外部分析。

在“3+1+2”的高考改革背景下，学生高中三年选择学习的科目直接影响了进入大学时期就读的专业范畴，高校看重学生的专业知识和能力发展，它不会招收一个高中不选考物理的学生就读物理相关专业，换言之，高校为人才的培养提供专业的、定向的指导，以便使人才适应未来的职业生涯。因此，在高中设计物理课程时应该将高校的需求考虑进来，从而使高中物理课程设计得更加合理，也为学生进入高校学习做准备。此外，国家也对中等教育进行了统一的领导，制定了教育方针、课程标准等指导文件，确定了高中的培养目标即进一步提升学生的综合素质，着力发展学生核心素养，其中，《普通高中物理课程标准》(2017 年版) 从整体教育形势出发，为学生长远发

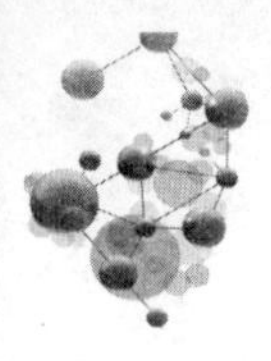

展考虑，把培养学生物理学科核心素养放在首位，使学生具有理想信念和民族使命感，最终落实教育立德树人的根本任务。在明确了学校、高校、社会、国家等外部主体对高中物理课程的期待后，才能在定义 OBE 学习成果时做到精准化，在实施学习成果时做到全方位，在评价学习成果时做到多元化，在运用学习成果时做到灵活化。

2. OBE 教育理念的基本原则

基于结果的四项教育原则是根据两个前提发展起来的：一是教育对人才培养提出的基本要求具有可判断性，二是个体发展的无限可能性。

首先，在未来几十年，经济、科技和社会生活势必迅猛发展，但民族文化和价值观念是经过千百年来的洗礼与动荡沉淀下来的精髓，因此，社会对个体的期望和培养在短期内不太可能有重大变革，在学校教育的十几、二十几年里，受教育者接受的多是经过数代人整理后的完善知识系统。教育部对高中学生掌握这些本源性的内容提出了明确要求，并以不同学科课程标准的形式呈现出来，其中，《普通高中物理课程标准》(2017 年版) 编写了学生在完成本学科课程学习之后可能达到的学业质量水平，这给人才的发展提供了明确的、清晰的、可评价的方向。

其次，每一名学生作为社会上的独立个体存在，必然有共性也有个性。共性在于每个人对社会都会产生价值，个性在于不同个体的价值种类和大小，因此，在教学过程中教师要充分发掘学生的个人价值和潜力，不仅如此，社会各阶层应联合培养学生，学校、家长、教育管理者整体配合共同给予足够的时间、指导与机会，同时，通过对学生个体差别性发展的研究来指导因材施教，实现学生在不可知的未来对新生事物的可控性，为他们今后发展打好基石，使他们能够掌握应对未来一切变革的本领。

最后，综合以上两个方面，斯派蒂提出了四项 OBE 教育理念的基本原则。

原则一：清楚聚焦。这一原则意味着教育者必须清楚地把重心集中于学习者最终成功的成果上。这个成果并非学生的暂时性表现，也不是每一次对结果检验后成绩的平均值，而是学生真正内化于心并在实践中能表现出来的。结合新版课程标准分析得出，高中物理把这一重心集中体现在培养学生物理学科核心素养的四个层面上，因此，教师应思考如何帮助学生在物理

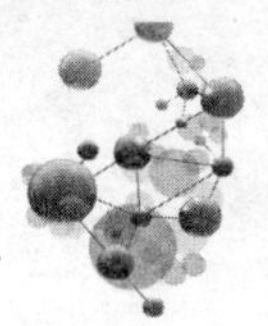

观念、科学思维、科学探究、科学态度与责任方面发展知识、能力和性情意志，以使他们最后能够达成事先确定的产出结果。这里需要指出，OBE 教育理念弱化了学科的分界线，强化了知识的完整性，这给物理教学也带来了新方向，即跨学科似的整合教育既可以规避知识重复的短处，也可以增强知识的迁移应用。

原则二：反向设计。这一原则与定义目标息息相关，它意味着教学通过追溯这些期望的结果来设计学生达到结果所必需的学习环节，即目标既是起点也是终点。在这个学习蓝图中应以高峰成果为出发点，采用自上而下逐步细化的形式，最终，学习成果倒推出每个阶段的学习目标、模块的教学目标、单元的教学目标、章节的教学目标甚至每节课的教学目标，不断增加教学难度来引导学生达到终极目标，但这并不意味着整个教学过程是从起点到终点简单的直线过程，而是强调以这一目标为核心，围绕它展开教学活动，需要教育管理者根据学生的个体差异分阶段对学生的表现进行评定，从而准确掌握学生的学习状态，对教学进行及时修正，排除次要因素的干扰，才能有效协助学生成功学习。

原则三：提高期望。有充分的证据表明，积极的教师期望能够向学生传递成功的信息，学生受教师期望的激励和鼓舞，对前途充满信心，克服各种困难，向目标前进，当学生经历第一次成功后，会刺激他们产生更强的学习动力，最终使教师期望得以实现。在教学实践中，合理的期望设定尤为重要，一方面要具有挑战性，目标太低会让学生感到唾手可得，便失去了学习的斗志；另一方面要具有可实现性，一旦期望脱离学生的现有水平，那便是望尘莫及、高不可攀的。因此，合理的期望应该是满足维果斯基提出的“跳一跳，摘桃子”的最近发展区理论，此外，合理的期望应随着学生的发展变化而动态调整，紧密联系学生的发展情况建立更高一层的标准，进而使得成功的学习促进更成功的学习。

原则四：扩大机会。OBE 强调所有的学生都有才能，只是由于个体的差异性，学生利用不同时间、不同途径和方式，达到同一目标，这种观点否定了以往的精英教育，认为智力并非少数学生拥有，而是为每个学习者所期待的，如果给予学生恰当的机会，那么大多数的学生能达成预期成果。为了发展每一个学生的才能，学校和教师的任务是为学生找到成功的方法，为

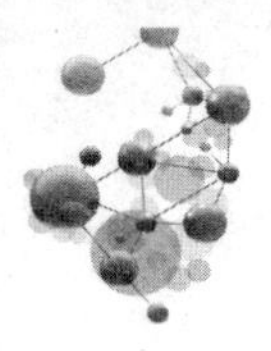

学生提供答疑解惑的平台，充分信任学生，及时纠正错误，调整方向。当然，传统的教学方式要让教师为所有学生提供更多的机会并不容易，但我们应该以所有学生都成功的长期利益来衡量这一实际困难，重视资源的开发、利用和整合，尽可能在教师资源、课程资源、环境资源等方面照顾到每一个学生。

3. 基于 OBE 教育理念的教学流程

本节将阿查亚提出的四个实施步骤与物理学科核心素养包含的四项内容相结合，整理出基于 OBE 教育理念的物理课堂教学流程。

(1) 定义学习成果。

定义学习成果是基于 OBE 教育理念的教学操作程序的第一阶段，它既是整个流程的起点也是终点，对课程目标和教学目标有指导作用。《普通高中物理课程标准》(2017 年版) 作为国家性指导文件，指出高中物理课程是普通高中自然科学领域的一门基础课程，提出了物理学科核心素养和物理学业质量标准，有利于教学设计和教学评价。在定义学习成果时，应尽量将成果细致化，一步一步地逐个实现，通过对内外需求的分析再结合新课程标准来制定学生学习物理课程的成果，并注重能力为本的教育，发展学生的物理思维，促进每一名学生的全面发展和个性发展，同时，教师应该清楚设计的每一节课、每一学期课程产生的预期效果在学生学业完成后的顶峰成果中的贡献程度以及对最终的学习成果起到了什么样的价值。

(2) 实现学习成果。

实现学习成果 (实施学习成果) 是 OBE 教学模式的关键环节，学习成果代表了一种能力结构，而能力的实现需要相关的课程内容来支撑，教师应根据目标的设定与知识体系的匹配关系来设计教学内容、教学过程和教学评价，也可以通过构建目标知识矩阵来清晰地反映二者的映射关系。同时，OBE 教育理念主张教师把课程知识进行完整的串联，模块化组织教学活动，考虑到高中学生的性格特点和发展阶段，教学应改变以往的单一教学模式，可采用单元式教学、案例式教学、问题式教学等混合教学模式。

由于处于青春期的学生对新事物充满好奇并乐于关注科技前沿的发展动态，因此，教师可以开展课外拓展课题，利用网络教学平台，介绍学科前沿领域的知识，不仅加强了基础知识和前沿领域的密切配合，而且使学生体

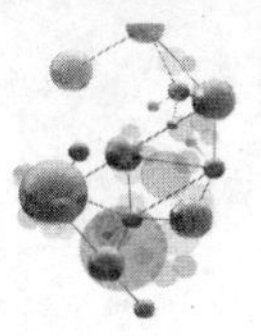

验到了物理学科的魅力，激发了学生对物理学习的兴趣，真切地感受到物理学科是如何推动科技进步并为人类文明带来福祉。

在实施学习成果的过程中，除了要注意知识的高效性、资源的利用性、教学模式的多样性、时间安排的合理性，最重要的是要突出学生的主体地位，通过问题情境充分调动学生的主动性，教师与学生积极地互动，围绕预先提出的问题展开教与学，将物理学科核心素养贯穿到课堂教学的每一个环节，做到轻记忆背诵而重迁移应用，着力发展学生的学习能力和综合能力，形成以能力为本的教学而不是以知识为本的教学。

(3) 评价学习成果。

在实施教学过程后，要对其实践效果进行验收以确定学生是否达到了既定的学习成果，了解学生掌握知识的情况、能力发展的培养水平，以及物理学科核心素养有无得到提升。OBE 的教学评价聚焦在学习成果上，而不是在教学内容、学习时间或学习方法上。

评价时主要以物理学业质量标准和物理学科核心素养为基准。物理学业质量是完成物理学科课程学习后的学业成就表现，主要分为 5 个水平级，不同水平之间具有由低到高逐渐递进的关系，每一水平均包含物理学科核心素养的 4 个方面。

在评价学生学习成果时，应采用学生自评与互评和教师评价有机结合的评价模式。教师应结合学生课堂互动、平时作业、阶段性测试、竞赛成绩、期中和期末考试等环节的表现综合考虑，并根据每一环节对顶峰目标的价值作用设置相应的权重，借助 OBE 教学目标达成度的计算结果，综合给出学业完成时的物理成绩，力争科学准确地评价物理教学的效果，使评价更加客观化和科学化。

OBE 虽然相信教育能够使每一名学生都能取得成功，但是在评价时既要兼顾全体学生，确保教育的培养方向是满足时代发展趋势且符合大多数学生身心发展特点的，也要考虑不同学生的家庭环境、成长经历、学习能力等因素带来的个体差异性，因此对学生不能严格地采用统一标准，而是让学生可以通过不同方法、不同路径、不同时间实现学习成果。

持续的评价和反馈可以带来更好的教学收益。一方面，对学生的学习成果进行多方位、多维度的评价，能够达到以“评”促“改”的目的，使教

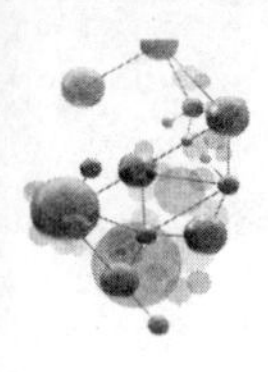

学设计能够形成良性的闭环，督促教师调整和改善教学策略，有效地支撑课程历久弥新；另一方面，学生借助过程性的考核带来的阶段性评价来激发自身学习物理的积极性和提高对物理实践的参与度，有的放矢地提升学生的学习效能感。

(4) 运用学习成果。

教育管理者的普遍共识是教师要做到“授学生以鱼不如授学生以渔”，因此，应该让学生从被动学习转变为主动学习。学生在掌握了基础的物理概念和原理后，教师可以引导学生运用所学知识解决实际问题，在这个过程中，学生发现问题、解决问题的能力也得以提高。此外，学生将学习成果反馈于日常学习，总结自己在学习上的不足，持续改进学习方法，使学习效率得以提高。只有学生具备了“模型建构、科学推理、质疑创新”等科学思维以及深切的科学态度和社会责任感，才能为未来的长久发展做好铺垫。

(三) 基于 OBE 教育理念的高中物理课堂教学案例设计

1. OBE 教育理念下的“天体运动”跨学科整合教学设计

OBE 教育理念强调知识整合而不是知识割裂，突出了跨学科式教育对培养学生能力的价值。跨学科指的是超越一个单一的学科边界而进行的涉及两个或两个以上学科的知识创造与传播活动；是指通过整合两个及更多学科或专业知识体系的信息、数据、技术、根据、视角、概念以及理论，以促进基础理解或者解决单一学科或领域难以解决的问题，在发现和解决物理问题的过程中，单一学科的知识和方法不够用时，才产生跨学科的需要。另外，OBE 教育模式是以结果为导向的教育理念，高中物理对学生的培养结果以物理学科核心素养为目标，因此，教学不再着重培养学生的单一知识和能力，更多注重学生的多元发展。

本节以“天体运动”为例，将历史、数学和物理有机融合设计出 OBE 教育理念下的多学科式整合教育，尝试借用学科的“通性”部分，在开普勒三大定律的讲解和拓展中巧用“物史”的桥梁知识；在习题的解答和计算过程中巧用数学的计算推导以及估算的思想，体现数学与物理知识的紧密相关性；不仅如此，在整个“天体运动”章节中将地理知识和宇宙科技前沿信息贯穿教学的始终，打破学科本位的思想，从而进一步培养学生的发散思维，

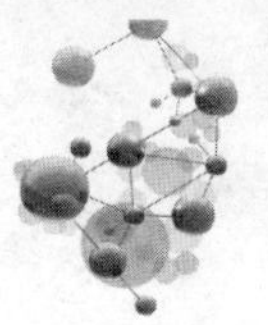

提升学生的跨学科素养。

(1) 物理学史在天体运动中的价值。

提升学生物理学科核心素养的途径是多样的，其中，物理学史具有很大的教育价值(如图 3-1 所示)。教师可以让学生提前查阅资料、阅读文章，并在课堂上以故事交流会的形式重演物理规律发现过程，教师应在史实叙述的基础上加以提炼，把握历史发展的时间轴，辅以问题的形式引领学生进行深度探究，着重强调重点人物及其提出的理论，帮助学生在头脑中建立关于行星运动规律内容的完整图式，让学生在真实的历史背景下主动参与探究活动，进而提升科学探究能力。

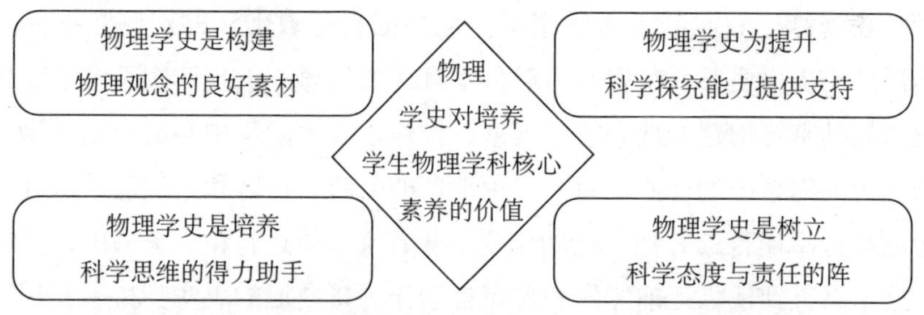

图 3-1　物理学史对培养学生物理学科核心素养的价值

“天体运动”选自人教版高中物理必修二第七章，教材通过“科学漫步”模块补充了人类对于行星运动规律的发现历史，涉及的物理学史知识有：讲解古人对于星体运动规律的探究过程，其中，托勒密提出的地心说和哥白尼提出日心说是发展的启蒙阶段，第谷则为真理的提出提供了严谨的数据支撑，随后，数学天才开普勒为世人揭示了前所未有的发现——开普勒三大定律，并被世人称为“天空的立法者”，从而奠定了经典天文学的研究范式。在此基础上，牛顿的探索精神使天体间的作用力有了合理的解释，即万有引力定律使星体运动清晰明了；卡文迪什的扭秤实验使万有引力定律有了真正的意义。不难发现，教材对于这部分内容的编写过于简略，以课后拓展阅读的形式出现在教科书中，使得物理学史与开普勒三大定律的内容分割开来，有部分学生甚至忽略此内容，这导致学生对开普勒定律理解困难，更无法体会科学知识发现的艰辛过程以及规律背后蕴含的物理意义。鉴于教材编写的不足，本教学设计将以物理学史的真实历程为主线，再现科学家科学发现的过程，逐次展开物理学家的曲折探索之路，引出开普勒三大定律内容，并在

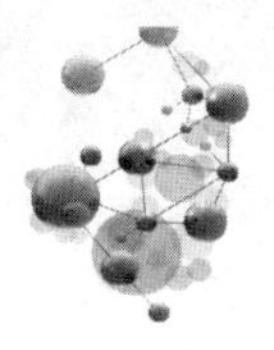

其中渗透科学思想与科学精神，从而加深学生对于科学本质的理解。

①两大学说的争论。在古希腊时期，亚里士多德从和谐与美的角度出发构建了一套天体运动理论，在他的构想中，不动的地球是宇宙的中心，所有的天体都围绕地球做匀速圆周运动。托勒密继承了亚里士多德的学说并将其复杂化，使“地心宇宙”学说获得了更持久的生命力。地心说符合当时宗教神学宣扬的“上帝主宰万物”的说法，与人们的日常生活经验相符，也能够解释当时存在的一些自然现象，于是被认为是神圣不可侵犯的，在教会的支持下，统治人类长达十五个世纪之久。

错误的学说一定会被时代推翻，随着观测技术的不断提高，地心说的问题日益暴露，波兰的天文学家哥白尼根据自己数十年的观测数据并敢于对错误理论提出质疑，坚守心中对科学真理的信念，于是彻底否定了亚里士多德和托勒密等构建的地心宇宙模型，构建了以太阳为中心的宇宙模型，将地球视为太阳系中的普通行星，并用地球的公转、自转和回旋运动解释了日月运动与行星逆行，并把自己的学说汇集在《天体运行论》一书中，遗憾的是，这本书直到他临死前才发表。布鲁诺作为哥白尼的忠实支持者，积极宣传“日心说”的正确性，这在当时政教合一的时代，刺激到教会的利益也就相对于站在所谓“真理”的对立面，就要遭受教会的针对和人们的唾弃，甚至布鲁诺被诱捕，最后为科学事业惨烈牺牲。尽管过程曲折辛酸，但哥白尼的“日心说”为日后物理学家对行星运动规律的发现奠定了基础。

②第谷的精确观测。第谷是一位丹麦贵族，他坚信掌握星体的位置是了解宇宙运行规律的先决条件，他亲自设计并制造了当时最精密的观测仪器，被公认为最好的裸眼观测家。在此之前，托勒密等观测天体的位置误差大约是10′，第谷将这个不确定度减小到2′，正是因为第谷的精确和细致，他得到了丹麦王国腓特烈二世的支持，资助他建立了当时世界上最先进的天文台。第谷在这个岛上二十年如一日地进行观测，其一生绘制了1000多个星体运行图，记录了大量关于天体所处位置的宝贵数据。或许因为第谷生性骄傲，脾气暴烈，他既不赞同托勒密的地心说，也不相信哥白尼的日心说，而是处于两者之间，充当了两大不同体系的“调解人”。从客观角度来讲，他没有继续补充哥白尼的理论，甚至提出的这种“混合体系”的思想是一种倒退，但科学就是在探索发现过程中，并在质疑和批判中不断修正完善

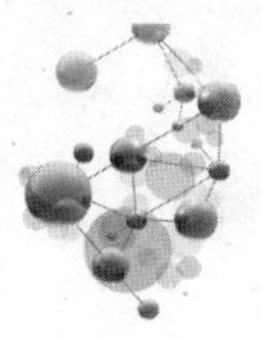

进而成为真理的，因此不能磨灭第谷在天文史上的伟大成就。

第谷坚持的“中心地带”学说也与他观测的数据产生了矛盾，由于第谷缺乏数学修养与理论的前瞻性，使得他没有把自己记录的数据发挥到最大价值，但他发现了可以合作的“后继者”——开普勒。第谷对于这个年轻人的数学才能极为赏识，并邀请他作为自己的助手。1601 年，第谷在观测到第 777 颗天体时与世长辞，临终前，第谷将自己全部的观测资料交给了开普勒，委托他将自己的研究工作继续下去。

③开普勒三大定律。相对前面几位，开普勒家境不好，父亲是雇佣兵，而且他自幼体弱多病，手脚都留下残疾，好在他有机会接受完整的教育，并在老师的启发下表现出了对天文的极大兴趣和惊人的数学才能。开普勒在初步整理第谷遗留下的观测资料时发现，只要是按照圆周运动的完美模型来计算均与观测数据存在差异，因此他认为一定是行星运动模型出现了问题。开普勒深深相信自己的老师第谷，同时，开普勒也是哥白尼的忠实支持者，他相信日心说，经过三年的计算，开普勒找到了符合观测数据的曲线——椭圆，也就是开普勒第一定律，也称其为“轨道定律”，它指出了星体围绕太阳做椭圆运动，太阳位于椭圆的焦点上。

在确立了行星运动轨道之后，开普勒将关注点转移到行星在轨道运动时的速度变化，通过分析火星的观测资料，他发现火星在轨道上做变速运动，接近太阳时运动较快，远离太阳时运动较慢。紧接着，开普勒受到阿基米德证明圆面积的启发，建立起了行星运动与轨道位置的数学关系：行星与太阳的连线在相同时间内经过的面积相等，那么，在近日点运动的速率大于远日点运动的速率，至此，开普勒提出了面积定律，即开普勒第二定律。但开普勒并未满足于单个行星的轨道和速率，他想建立起各个行星围绕太阳运动之间的关系，在经过十年艰苦的计算后，开普勒终于发现了行星运动的周期规律，“绕以太阳为焦点的椭圆轨道运行的所有行星，其各自椭圆轨道半长轴的立方与周期的平方之比是一个定值”，这就是著名的开普勒第三定律。

④牛顿提出万有引力。在研究行星运动轨迹后，开始研究是什么原因让行星周而复始地围绕太阳做运动，科学家也有各自的见解。开普勒认为，是太阳磁力吸引行星运动，磁力大小与距离成反比；伽利略认为，行星的运动是“惯性”自行维持的，与地面上物体的运动规律不同；笛卡尔认为，宇

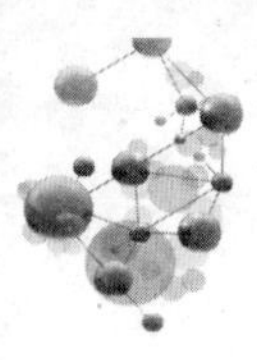

宙由不停旋转着的微粒组成，微粒的运动形成旋涡，太阳和行星在各自的旋涡中心，行星旋涡带动卫星运动，太阳的旋涡带动行星和卫星一起运动；胡克、雷恩、哈雷认为，太阳引力引起行星的运动，力的大小与到太阳距离的平方成反比。重力是由地球引力产生的。艾萨克·牛顿从1665年至1685年，花了整整20年的时间，才沿着离心力—向心力—重力—万有引力概念的演化顺序，终于提出“万有引力”这个概念和词汇。牛顿于1687年在《自然哲学的数学原理》上发表牛万有引力定律，其表述如下：任何两个质点都存在通过其连心线方向上的相互吸引的力，该引力大小与它们质量的乘积成正比，与它们距离的平方成反比，与两物体的化学组成和其间介质种类无关。

教师通过分享科学家的优秀事例让学生明白，成功的道路从来都不是平坦和一帆风顺的，要学好物理，必须有锲而不舍、持之以恒的决心；物理学的不断发展使人们一次又一次地推翻曾经错误的观点并提出新的学说，只有具备批判的头脑、创新的意识、怀疑的精神，才能打开未知科学大门。教师通过物理学史的阅读与分享，让学生崇尚科学家的优秀品格，激发学生的学习兴趣和内心潜能，培养学生勇于探索的科学态度和献身科学的奉献精神，为以后的学习和研究打下良好基础。在教学过程中把物理知识的逻辑展开与物理学认识的历史发展有机结合起来，将物理教学过程设计成是把“凝固的文化激活”的过程，对学生进行科学素养和人文精神的教育，帮助学生在学习文化知识的同时树立崇高的社会责任感和爱国主义情怀，使他们的心智得到和谐统一的发展。

2. 数学演绎推理在天体运动中的应用

20世纪以来，天体运动这一知识点的试题对计算要求逐步提高，在高考试题中经常以选择题形式出现，计算时涉及万有引力常量、星球质量和轨道半径等复杂物理量的计算，其中，对有关物理量的估算、物理量的比值关系等与数学计算相关的试题呈上升趋势，这些都体现了科学记数法、幂指数计算等数学工具在物理学习中的重要价值，如果只是生搬硬套公式求解，往往会在最终计算时产生错误答案，因此，灵活地对物理问题进行数学处理就显得非常重要。

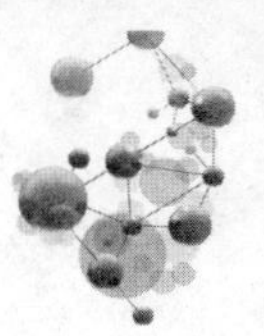

二、STEM 教育理念与高中物理教学设计

（一）STEM 教育内涵与理论基础

1. STEM 教育内涵及特点

（1）STEM 教育内涵。

STEM 作为一种专业词汇，是科学（Science）、技术（Technology）、工程（Engineering）及数学（Mathematics）的首字母缩写，而 STEM 教育其实是指科学、技术、工程、数学的教育，这种教育的过程强调将科学、技术、工程、数学这四门原本相互独立的学科通过一个项目或是设计进行自然组合，形成一门涵盖四种不同内容的学科，使它们共同作用在教学过程中，因此，科学、技术、工程、数学是构成 STEM 教育的四大主体要素。其中，科学要素在于让学生运用各种科学知识去认识自然，发现并理解物质世界中蕴藏的客观规律和特点；技术和工程要素在于要求学生在尊重自然的前提下，使用一些技术方法帮助人类改造生存空间，使人与自然共同发展；数学素养则是要求学生使用数学学科中的计算、统计、建模和数据分析等多种方法作为技术开发与工程设计过程中的研究。综上所述，STEM 教育是建立在真实情境中的跨学科学习活动，跨学科和整合性是其最显著的特征。

（2）STEM 教育特点。

①综合性。STEM 教育是多学科融合的综合教育，这里的融合并不是简单地相互叠加，而是在遵循各学科特点和教学规律的前提下，找寻各个学科间知识的内在联系，并将学科间相联系的内容构建成实际问题或项目，以此搭建起学科间沟通的桥梁。如果用一张网来比喻各学科整体，那么 STEM 教育其实就是在这张网对应的节点处进行的教育，因此，STEM 教育可以有效改善分科教学下知识的孤立性，使其更加体系化，这将有利于学生更加全面综合地理解知识，做到融会贯通。

②实践性。由于 STEM 教育往往是以某个问题或者项目展开，学生的学习过程不再是一味地抬头听讲和埋头苦练，而是在解决现实问题的过程中将书本知识内化于心，在这一过程中学生可能要面临很多实践性问题，需要动手操作进行，因此，STEM 教育理念看重的不再是学习的结果而是学生学

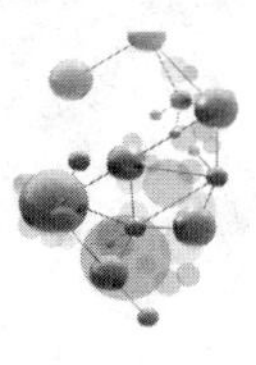

习的这个过程。为了帮助学生更好地掌握知识，自然要让他们经历探究活动的始末，实现真正的“做中学”。

③合作性。这里的合作既指学生之间的合作探究，也包含了 STEM 教育中教师与学生协作完成学习任务这层内涵；在 STEM 教育过程中，教师会根据不同的学习内容制定不同的任务表，学生也要在学习活动中负责不同的部分，分工完成探究任务。这种学习过程既能锻炼学生自身的实践能力，也能帮助学生建立团队精神，对其未来的学习和生活产生积极影响，是培养高素质人才的重要途径。

2. STEM 教育理论基础

(1) 建构主义理论。

随着信息技术对教育的影响日益深刻，传统学习和传统教育理论无法满足新要求，于是皮亚杰代表的建构主义教学理论又重新出现在学者眼前。建构主义基本理论认为，知识不是直接传输于人脑的，而需要经过建构；建构主义还认为，真正意义上的学习是学生通过自身原有的认知对新的知识或经验进行理解，再通过大脑重新构建自身知识经验的过程；教学的实质也并不是现有知识的迁移和传递，而是新旧内容的重新组合，是知识经验的转化和改造。基于此，STEM 教育理念倡导学习过程的创造性和实践性，这正是建构主义强调的学生自主构建学习。

(2)“从做中学”理论。

实用主义代表者杜威认为，“从做中学”更能够帮助学生理解并掌握知识，他认为学习过程中身体的一系列活动有助于学生学习，而抑制自身活动不利于自然学习的发生，教师也应该通过引导学生进行“做”的活动，促进学生思考，从而习得知识。STEM 教育理念的实践性特点与这一理论不谋而合，都强调行为活动的重要性，这一点恰好可以弥补传统“填鸭式”教育的弊端，改善学生以往单一的学习方式，使其通过实践更深刻地理解知识。

(3) 多元智能理论。

多元智能理论是美国学者华德·加德纳博士于 1983 年提出的，该理论认为，人的思维和认知方式是多元化的，即智能是多元化的。到目前为止，该理论的研究表明，人至少具有八种不同的智能。智能的多元化也决定了学习的多元化，在 STEM 教育过程中，教师不仅要找到不同学科之间的共性

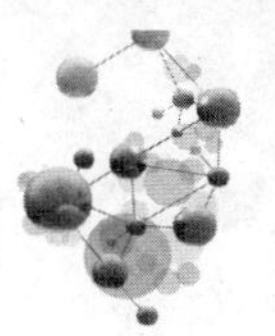

进行结合，还要注意各学科的差异性和独特性。此外，学生是不同个体，教师要根据多元智能理论了解每个学生的情况，这样从两方面出发进行的教学才能充分发挥每个学生的能动性，促进学生智能的多元化发展。

(4) 人本主义理论。

人本主义教育理论重视人自身在学习过程中的重要性，认为好的学习活动应该是个人自发主动进行的。同时，人本主义还认为，人具有无限潜能，学习的过程就是激发人潜能的过程，因此，教师在教学过程中应当起引导性作用，帮助学生发挥自身潜能。STEM 教育很好地遵从了人本主义学习理论，更加强调学生的主体地位，关注学生的自身发展而非成绩，在学习过程中为学生提供更多锻炼的机会，帮助学生完成自我实现。

3. STEM 教育理论在高中物理教学中应用的必要性分析

(1) STEM 教育理念与核心素养的关联性。

2017 年高中物理新课程标准实施后，高中物理课程的教学目标由原来的三维目标转变为现在倡导的核心素养。核心素养涵盖了四个方面：①物理观念。物理观念包括物质观、运动观、相互作用观、能量观等，它旨在让学生通过理解物理学中一些基本的概念，进一步形成这些基础的物理观念，具备一些物理常识。②科学思维。科学思维是学生正确认识客观事物的方式方法，比如，在学习过程中经常使用的推理法、论证法、建构模型法等，因此，科学思维是学生在学习物理知识时总结的思想方法。③实验探究。实验探究能力要求学生能够做到从提出物理问题到解决问题并交流感想整个过程，它具体由问题、证据、解释、交流这几个环节构成。④科学态度与责任。科学态度与责任是核心素养的最高要求，它是指物理课堂最终要让学生能够看清事物的本质，理解科学、技术、社会、环境这四者之间的关系，从而形成正确的科学态度并培养出社会责任感。

通过上述分析，我们可以发现，STEM 教育理念与核心素养对高中物理教学的要求具有较强的关联性，STEM 教育理念的实质在于对科学、技术、工程和数学这四门学科的融合教学，其教学目标强调将 STEM 素养渗透在学生学习的这一过程中，通过学习活动的不同方面完成对学生 STEM 素养的培养。由此可得，核心素养和 STEM 教育理念都强调学生学习的这一过程，强调要在学习活动中去感受同一事物的不同方面以及不同事物之间的微

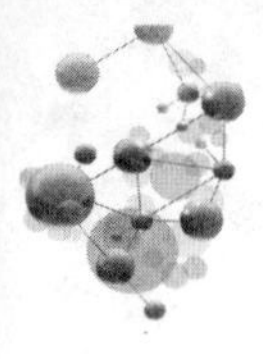

妙联系。

(2) 基于 STEM 教育理念的高中物理教学目标。

从 STEM 教育理念与核心素养的关联性出发，以 STEM 教育理念为背景，结合核心素养的要点，我们对基于 STEM 教育理念的高中物理教学目标进行了构建。教学目标依旧是以 STEM 教育理念的四大素养为框架，在此基础上，将核心素养对于学生四个方面的要求融入 STEM 教育理念的四个素养中，形成由浅及深依次递进的基于 STEM 教育理念的高中物理教学目标，它对教学过程的设计和开展起到了指导性作用。

(二) 基于 STEM 教育理念的高中物理教学设计分析

1. 学习内容分析

STEM 教育理念下，高中物理课堂的学习内容主要包含了 STEM 教育理念所要求的整合学科的知识和国家课程标准对高中物理教学提出的教学目标要求，而一节出色的 STEM 课程应该是同时具备这两种学习内容的。众所周知，STEM 教学是基于问题、设计或项目开展的，这其实也就要求教师在课堂教学开始之前创设好问题情境，不同的是，在 STEM 教学理念的要求下，这个问题情境需要尽可能地与我们的生活、科技或者工业更接近，更具有现实的意义，这样学生就可以在解决实际生活、科技或是工业问题中习得基础的物理理论知识，这一过程的进行将全面实现物理核心素养要求的培养目标，同时做到了最基本也是最重要的课程内容教学目标的完成。作为第二学习内容，STEM 整合性学科的知识在教学中需要以具有实际意义的问题、设计或项目为依托，学生在解决问题、设计方案或提出项目的过程中需要借助科学、技术、工程和数学领域的专业知识来完成，这也就意味着跨学科理论知识在学生学习过程中的体现与完成。

2. 学习目标分析

上述两种学习内容分别对应了不同的学习目标，物理教材内容知识的学习目标对应了每节课的教学目标，该目标从核心素养的四个方面对学生的学习提出了要求。而 STEM 整合学科知识的学习目标需要我们基于 STEM 教育理念的内涵，将 STEM 整合学科知识的学习目标从 STEM 素养的四个方面来进行分析，这两个方面的学习目标在教学过程中是相辅相成的，具有

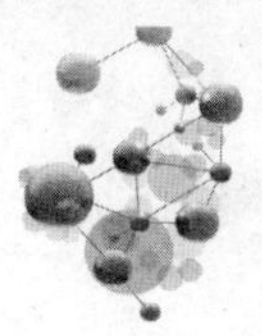

互相促进的作用。

3. 学习者分析

对学习者的分析包含了对其年龄特点、思维方式、认知水平等方面的分析。我们需要明确，进行学情分析是为了帮助教师更加有效地开展 STEM 课程，使教学过程更加符合班级学生的特点，从而帮助教学设计发挥出更加明显的作用与功能。学情分析是在教学活动开始之前进行的，教师在对学习者进行分析时可以从学生的整体特征和个体差异、学生的知识储备和能力基础、学生的情感态度方面进行科学合理的分析与判断。对学习者分析的意义帮助教师全方位地了解学生，预判教学过程中学生可能会面临的问题，从而有效设计教学策略，进一步优化课堂教学。

（三）高中物理教学设计案例

本节课是基于高中物理选修 3-4 中光学部分的知识进行的，以激光及其应用、光的干涉、衍射以及反射原理为基础，从而延伸至对全息技术和伪全息技术的了解，通过制作伪全息影像的实验过程，培养高二学生的 STEM 理念素养。下面就对《伪全息 3D 影像制作》STEM 课程的构建进行全面详细的分析。

环节一：提出问题，理解问题。

【教师行为】教师基于学生对光的干涉、衍射基本原理的掌握，以及对激光在生活中应用的了解，从课本中全息照相部分的内容入手。首先，通过多媒体播放科幻片中一些画面可以直接展示在空气中和舞台上同时出现多个同一个人的影像资料，激起学生的兴趣；其次，教师再引导学生分别单独用左、右眼去看同一物体，让学生真实感受到影像的差别，也让学生对问题本身产生初步的了解。通过这些与现实生活联系紧密的事情创建教学背景，进而引出本节课要解决的主要问题：制作伪全息 3D 投影装置。

【学生行为】在教师的引导下观看伪全息 3D 投影视频，思考其物理原理；分别单独用左、右眼去观察同一个物体，感受两次影像的不同，并思考背后的原因，进一步猜想这些物理现象中蕴含的理论知识。

【设计意图】使用感官上的一些刺激活动激发学生的学习兴趣，让学生迅速进入教师设计的问题情境中来，并在看和做的活动中进一步理解问题，

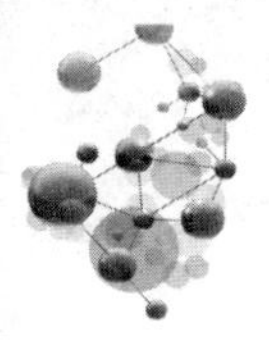

形成对问题初步的看法。

环节二：调查探究，初步构想。

【教师行为】教师可以将做好的成品带进课堂方便讲解。首先，教师可以播放特制的视频，同一个物体在同一画面内的前、后、左、右四个方向上运动，接着光线分别投向了透明四棱锥的四个侧面（视频技术）；与潜望镜原理相同，播放器屏幕四个方向的光线经过棱锥四个侧面的同时反射之后，就沿水平方向进入了人眼（反射原理），而我们所看到的像之所以是立体的，是因为反射光线的棱锥侧面是透明的，所以我们能同时看到四个方向上的像，于是就有了立体投影的效（成像原理）。教师通过对伪全息 3D 投影的具体过程进行详细的分析，引导学生从制作方法、制作过程、制作要求等方面对伪全息 3D 投影制作进行全面的探究调查，帮助学生完善对伪全息 3D 投影的认识，也进一步了解伪全息投影技术的原理。其次，在此过程中，教师应该引导学生将制作伪全息 3D 投影装置的各个问题进行细化，将制作问题分解为物理、技术、工程和数学等各方面的学科问题，从而为学生进行调查探究指明方向。

【学生行为】学生回忆之前所学的光学知识，并认真听教师讲解这些理论是如何应用在技术中的，理解伪全息 3D 投影技术是如何实现的。在此基础上，学生对本节课要制作的伪全息 3D 投影设备进行设想，根据结合实际的性能要求和成本对制作工具、材料进行挑选，并最终确定好主要制作工具为视频播放设备（平板或手机）和透明塑料板，其他辅助材料为透明胶带。学生通过工程领域的基础知识初步确定伪全息 3D 投影设备的基本结构是一个由透明塑料板制成的四棱锥放置在视频播放设备上的结构。

【设计意图】通过解释光学知识在伪全息投影中是如何体现的，帮助学生回顾随学知识，并对这部分知识产生更加深刻的理解，拓展学生的科学思维。让学生构建初步的制作方案的目的在于，帮助学生梳理自己已有的知识体系，让学生及时查漏补缺，完善自身不足，并明确后续课堂中要着重研究学习的内容。

环节三：查阅资料，完善构想。

【教师行为】鉴于高中生已经具备空间想象思维和立体几何计算能力，此环节教师可以向学生提出问题：是不是任意一个四棱锥都可以成立体的像

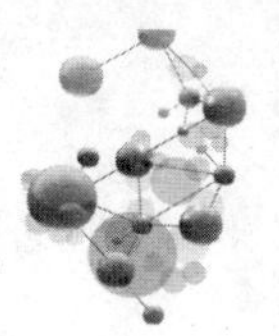

呢？我们对四棱锥的棱长和底长有没有要求？让学生小组内查阅资料并进行思考讨论，然后教师根据学生的回答补充解释：由于人眼一般是平视物体的，而视频中图像的光线是垂直于地面垂直射向棱锥的侧面，因此，根据反射原理中入射角与反射角相等，我们可得到棱锥侧面与底面的夹角应为45度。只有在此情况下，反射光线才会水平射入正面的人眼中，从而看到每个方向上的影像，当四个面的反射光线汇聚后，就形成了3D效果。因此，如果四棱锥侧面与底面夹角不是45度，反射光线将不能平行射入人眼，我们也将看不到3D立体的效果。随后，教师应提问学生：已知棱长与底边的角度为45度之后，是否可以确定棱长与底边的长度关系？学生对这一问题做出解答后，教师需要解释伪全息3D投影并未实现真正的“全息”，而是由反射原理形成的影像，所以称为“伪全息3D投影”。

【学生行为】学生思考教师提出的问题，将伪全息3D投影的光路图绘制出来，根据光学知识和几何知识计算出四棱锥侧面与底面夹角的度数为45度，再利用空间立体几何知识以及勾股定理计算出四棱锥的棱长为$\sqrt{3}$倍的底边边长。在此基础上，学生可以进一步优化初步的设计方案，形成最终的实施方案。

【设计意图】学生在教师的引导下拓展更多的理论和实践知识，帮助学生进一步完善和优化初始的制作流程与设计，确保后续制作过程顺利。

环节四：设计构建，实施方案。

【教师行为】教师为学生发放工具和材料，指导学生开始动手制作，并及时给予学生帮助，时刻了解学生的制作进度，帮助学生规避可能出现的错误操作，同时，要提醒并强调制作过程中注意安全问题，确保学生在制作过程中正确使用工具和材料。

【学生行为】此环节中，学生以小组为单位开始制作伪全息3D投影设备。首先，学生需要制作伪全息3D投影视频源。学生需要使用手机相机从四个方向上分别去拍摄同一个动态物体，然后将拍摄好的四段视频导入电脑，使用视频编辑器将四段视频导入同一画面的四个方向，形成一段伪全息3D投影视频源。其次，学生需要制作四棱锥，先根据播放设备确定好四棱锥的底边边长，然后根据棱长等于$\sqrt{3}$倍的底边边长，确定好需要裁剪的四个等腰三角形的边长，裁剪好之后使用透明胶带将其粘连，形成四棱锥。最

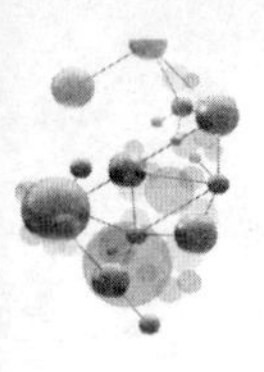

后，为了确保结构的稳定性，必须将四棱锥的顶截取一部分，使其可以平稳地放置于播放器的平面上。做好上述工作后，将四棱台上底朝下放置于播放设备屏幕中央，并播放视频源，将室内光线调整到最暗，学生可以观察到四棱台中央出现了一个3D的像，这样，伪全息3D投影的制作就完成了。

【设计意图】在此环节前，教师没有给予学生关于制作过程较多的建议，是希望学生在制作的过程中自己发现一些问题，并尝试去改进，从而制作出更加优秀的作品。

环节五：解释建议，反思提高。

【教师行为】对于此环节，教师要组织学生结合自己的作品进行交流，也可以让学生小组间进行交流互评，指出各自作品中存在的问题，然后进一步改良。当学生小组互评结束后，教师可以提出以下问题：如何提高投影效果的清晰度？怎样才能让设备具有更高的稳定性？让学生进行思考讨论，反思改进制作方案。

【学生行为】该环节中，学生要针对自己的作品以及在制作过程中产生的心得体验在班级内进行交流学习，并对其他小组的作品进行观摩学习，给出意见和建议。最后学生要思考教师提出的两个问题，给出解决方案，比如，可以将透明塑料片更换成平面镜，从而提高像的清晰度；可以给四棱台制作一个支架，使其与播放设备的结构更加稳定。

【设计意图】通过最后的交流互评和对问题的思考，帮助学生进一步内化巩固本节课学习的内容，使学生得到自身能力的提高。

三、基于HPS教育理念的高中物理教学设计

(一) HPS相关概念

1. 科学史

科学史的创始人乔治·萨顿认为，科学史能够帮助学生全面地理解科学以及科学与人文的关系，可以使我们既能获得实证性知识，又能提升人文素养，甚至可以成为道德良心的调整器。它可以减少我们的自负与盲目乐观，还可以增强我们的希望与信心。皮埃尔·迪昂认为，让学生接受的历史方法应该是假设的、合理的、可信的并富有成效的。如果教师讲授科学理论时

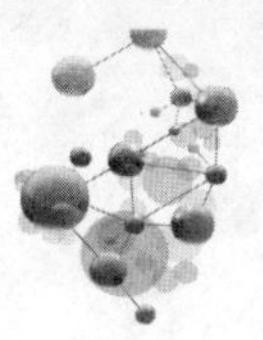

只是单纯地就该知识而讲，不去说明是在怎样的情境下产生的，那么学生便会认为知识的产生是一种常态，是一种简单的新知识的堆叠，科学家往往都能想到一处去，有种莫名的默契，总能达成共识。如果让学生知道了科学知识是如何生成的，他们就会发现，如今一些科学知识理论体系的产生历程说是一种错误史都不为过，理论物理学的历史就是如此。我们也不能贬低那些失败，因为那些失败观点往往具有开创性意义，并非完全错误，它们的提出还受到了各种条件的限制，没有那些失败作为基石，知识就不可能有任何进步。阿尔钦认为，教没有错误的科学，就像教没有疾病的医学或是没有犯罪的法律。教学中融入科学史内容有利于培养学生的科学态度与精神，提升他们对科学本质的认识。

2. 科学哲学

科学最早是以形而上学的形式出现在古希腊，中世纪以后被称为“自然哲学”，直到19世纪才被称为“科学”，所以哲学是科学及科学研究的本体论基础。科学哲学产生于20世纪20年代，经历了从逻辑主义时代到历史主义时代，再到后现代主义时代的过渡。逻辑主义强调通过观察或假说来分析事物，历史主义强调运用历史的方法来探究问题，后现代主义则偏向于人文主义，同时排斥那些固有方法和模式的运用。科学哲学是对科学进行哲学性的反思，目的在于对科学的本质进行深入的理解。如果将科学从哲学的角度去理解，我们的眼界将被拓宽，我们的道德标准以及智力水平都会得到提升，我们对人与自然的理解将会更加透彻。正如科学哲学家马赫所说，关于哲学科学的任务就是从概念上确定真实事物的基本思想，使人们对现代科学有更好的理解。在科学教育的过程中加入哲学思考，会使学生变得更加理性，在解决问题时能够运用哲学的思维与方法。

3. 科学社会学

最早的HPS教育理念中并不包含科学社会学，科学社会学到了20世纪初才逐渐发展起来，之后与科学史、科学哲学渐渐形成了如今的HPS教育理念体系。“对于科学来说，没有什么东西是与社会相脱节的。”古人并不是因为智力水平低才产生那些令现代人看起来可笑至极的错误观点，而是因为当时资料获取很有限、技术手段落后，而且科学发现与科学家所处的时代背景有着绝对的联系。地心说能够占据一千多年的统治地位，便是受到了宗教

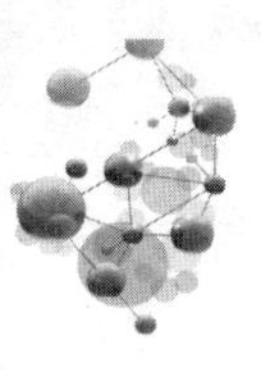

文化的影响。随着科技的发展，我们会发现所有知识的产生都受到社会价值观的指引。20世纪六七十年代兴起和发展，在科学的社会研究中占有一席之地的STS教学理念中也明确提出：科学、社会、技术之间存在着密不可分的联系，教育产生的影响要体现其社会价值。该理论在中学科学教育中被强调，近些年来在STS理论的基础上又发展成为SSI理念(社会科技性议题，又叫争议性科技议题)。SSI理念是STS理念的进阶版本，在教学方法上弥补了STS课程的缺陷。

4. 科学本质

《辞海》中将“科学”定义为运用范畴、定理、定律等思维形式反映现实世界各种现象的本质和规律的知识体系。那么科学本质的内涵又是什么呢？自1974年以来，科学教育统一中心将其界定为：描述科学知识本质的七个方面，即暂定性、公开性、重复性、或然性、经验性、积累性以及创造性，直到2007年，许良荣等基于对二十多个不同领域的专家进行德尔菲调查后，提出了中小学阶段不同的科学本质目标，此时，科学本质的内涵已经比较完备，但是还在不停地发展之中。科学本质由三个维度构成，分别为科学知识的本质、科学探究的本质以及科学事业的本质。马修斯认为，科学教育的目的一方面在于对科学知识的传播，而另一方面便是追问科学的本质，学习HPS教育理念的相关内容，就是在追问科学本质。在教学中，如果教师只是单纯地给学生呈现科学史，而不加以引导，不让学生认真反思科学家遇到的问题，最终学生只是知道了几个科普小故事，记住了几个科学家的名字，并不能提升学生的科学本质观。这种不能反思科学本质的HPS教学是失败的教学。

5. HPS教学模式

自马赫首先提出HPS教育理念之后，直到20世纪90年代才有一些典型的基于HPS教育理念的教学模式提出，其中比较有代表性的3种包括孟克和奥斯本的融合教学模式、马修斯的适度模式以及琳达和杰姆斯的互动科学小故事。它们受到广泛认可，其中具有较强操作性的当属前两种。孟克和奥斯本的融合教学模式分为六段：演示—启发—学习历史—设计测试—科学观点与经验性测试—回顾与评价，通过演示吸引学生注意，发现需要解决的问题，然后启发学生发表观点；通过学习历史，让学生了解该问题是

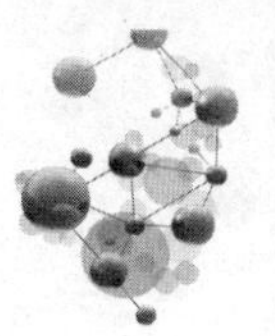

在怎样的情境中产生的以及科学家所持的不同观点，设计实验并进行验证；教师在此过程中要介绍当代的观点，最后带领学生进行评价与总结。马修斯认为，将科学史融入科学教学中，将会促进学生对科学本质的认识，使教材更具有人文主义气息，在总结了各家研究结果的基础上，提出了适度教学模式。虽然以上两种教学模式在教学中发挥的作用有所不同，但是它们之间也存在着一些共同特征：都是把 HPS 教育理念整合到课程与教学中，不会占用多余的时间，不会给学生带来不必要的负担；在教学中强调科学的探究过程，体现科学方法；强调提高学生对科学本质、科学探究以及科学精神的认识；区别于传统教学模式，引导学生思考，鼓励他们参与知识建构的过程，通过探究最终解决某些问题。

(二) HPS 融入高中物理教学的案例设计与分析

基于对最新人教版高中物理教材的整合分析以及对 HPS 教育理念在高中物理教学中的应用现状调查，用以指导教学。笔者设计了两个教学案例，并分析教学案例的设计意图，以说明如何在物理课堂上开展 HPS 教育实践。

1. 教学案例设计 (一) —— “电学中的能量转化——焦耳定律”

【课标分析】

通过对新课标相关内容进行分析，在课程内容上，要求能够理解电功、电功率及焦耳定律的物理意义，用焦耳定律解释生活中常见的电热现象；在学业要求上，希望学生能够用焦耳定律分析电学中的能量转化问题；在课程目标上，要促进学生物理核心素养的有效发展，让学生能用能量观念来解释现象，解决问题，且具有科学探究意识，能正确认识科学本质；在课堂实践上，要注重自主学习，采用丰富的教学手段。

【教材分析】

本节课“电路中的能量转化——焦耳定律”选自人教版 (2019 版) 普通高中物理必修第三册第十二章第一节，安排在第十一章电路及其应用之后进行学习。本节需从能量的角度来理解电功和电热，区分纯电阻和非纯电阻。

【学情分析】

学生已经在初中电功一节学习过焦耳定律，对本节课的学习已经有一定的知识基础。当时的学习重点是用实验来探究电流的热效应跟电阻的关

系，是定性的探究，没有涉及电热与电流以及时间的关系。本阶段的学生有一定的分析总结能力，思维活跃，充满好奇心，对物理世界有较强的探索欲，但是学生的观念狭隘，逻辑推理能力较弱，难以摆脱固有思维，不能从能量的角度来理解焦耳定律。

【教学重点】理解电功、电功率以及电热。

【教学难点】从能量的角度解决非纯电阻问题。

【教学目标分析】

物理观念：从能量的角度来理解电功以及电功率，理解电功和能量转化的关系；从能量的转化和守恒的角度来理解电功与电热的区别，养成用能量观念来学习电学知识的习惯，能够区分纯电阻和非纯电阻电路中公式的运用。

科学思维：通过对焦耳探究电与热关系的原始实验的回顾，提出实验的改进方案，了解科学思维与方法，提升创新精神，发展思维能力。

科学探究：通过学习焦耳探究电与热关系原始实验的历史过程，提升科学探究能力；能够基于对焦耳原始实验缺陷提出物理问题，从而制定新的方案，不断改进，优化实验，能对改进方案进行交流、讨论与反思。

科学态度与责任：通过学习焦耳探究电与热关系原始实验的历史过程，认识到科学的本质，形成自主探究物理问题的内在动力，学习物理学家的科学精神；能够养成同小组成员进行良好沟通与合作的能力。

2. 教学案例设计（二）——“宇宙航行”

【课标分析】

通过对新课标相关内容进行分析，其中要求能够对守恒观念有所体会，明白守恒观念能够帮助我们理解物理规律以及分析具体问题；要会推导第一宇宙速度，清楚第二宇宙速度和第三宇宙速度的内涵；收集关于航天发展的资料，并观看相关录像片，分享观后感；引导学生关注物理学定律与航天技术等现代科技的联系。在学业要求上，希望学生能明白人类对自然的探索是永无止境的，培养探索自然、造福社会的科学精神。

【教材分析】

本节课“宇宙航行”是选自人教版（2019 版）普通高中物理必修第二册第七章第四节的内容，属于航天知识部分的重点内容，是承接“万有引力理

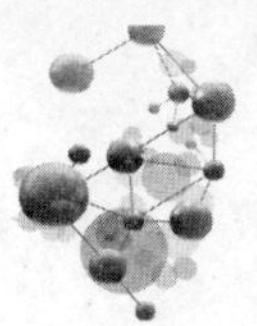

论的成就”的实践性成果。

【学情分析】

学生在学习本节内容之前已经学习了牛顿运动定律以及圆周运动条件下的万有引力定律，但是对其内容的实践应用还不能灵活地掌握、透彻地理解。本阶段的学生有一定的分析总结能力，思维活跃，充满好奇心，对物理世界有较强的探索欲，但是学生的抽象思维能力较弱，逻辑推理能力不足，他们不能从能量的角度来理解宇宙速度。

【教学重点】理解第一宇宙速度推导过程，了解其应用领域。

【教学难点】区别人造卫星的发射速度与运行速度，掌握相关计算及代换关系。

【教学目标分析】

物理观念：从牛顿运动定律以及万有引力定律角度理解卫星运动，形成运动与相互作用的物理观念；从能量的角度理解并推导宇宙速度，发展能量观。

科学思维：能用转化思维来理解从平抛运动到圆周运动，能综合牛顿运动定律、向心力以及万有引力定律分析推导出卫星绕行速度，选择恰当的公式来解决相关卫星运动问题。

科学探究：了解人造地球卫星从构想到现实的探究过程，能自主设计实验，并对学习成果进行交流与讨论。

科学态度与责任感：明确航天事业对人类发展的巨大作用，培养探索自然、造福社会的科学精神，提升民族自豪感与爱国主义情怀。

第四章　中学物理课堂教学策略实践研究

第一节　有效性教学策略与物理课堂教学策略实践研究

一、高中物理课堂有效性教学的理论研究

(一) 有效性教学的界定

《〈基础教育课程改革纲要〉(试行) 解读》中曾指出，有效教学的最终目的是提高教师教学的效率和效益、强化过程评价和目标管理的一种适合现代中国教育的教学理念。孙亚玲的《课堂教学有效性标准研究》中指出，有效教学的含义包括教学理论与实践相结合的成功尝试、课堂教学有效性研究方法的创新、课堂教学有效性标准框架的研制。教学有效性主要包括四个方面：激发学生的学习动机，引导学生的学习兴趣和主动性；让学生明确学习目标，成为学习的主体，让学生获得真知；以素质教育为核心，以学生发展为主旨，科学理论指导教学，实施多样化教学，注重培养学生的创新精神和创造能力，促进学生综合素质的提高；提高教学的针对性、有效性，使课堂教学效率和教学质量得到提高。

总之，高中物理课堂的有效教学就是学生在教师的指导和帮助下，充分利用各种资源和方法，用最少的时间和精力顺利达成教学目标，主动探究物理学科的概念、规律等基础知识，以及研究物理学的基本学习方法，并在探究学习这些知识的过程中培养自己的观察能力、实验能力、理解能力、创新能力、分析和解决实际问题的能力等，最终提高学生科学素养的过程，使“老师教得轻松，学生学得愉快”。

(二) 课堂教学有效性的评价标准

有效性教学的评价标准有以下三种。

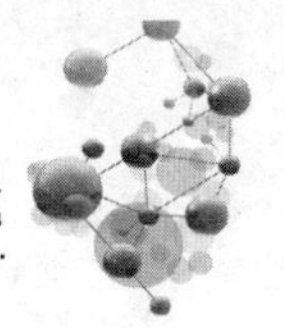

（1）有效果：指教学活动的实际结果与预期效果相差不多。高中物理课堂有效性教学最注重的是学生的进步与发展。

（2）有效率：课堂教学效率是教学当中一个非常重要的因素，它不但和实际教学时间有关，更和有效教学时间有关。衡量一节课的课堂活动内容是否有效，对课堂结果是否有益，课堂活动是否高效。

（3）有效益：指课堂教学活动效果收益最大化。要求教师把时间和效益密切结合，最关键的指标是，在有效的时间内，通过教师的有效性教学，学生在单位时间内获得知识和能力提高的量与质的问题。

（三）理论基础

1. 建构主义

建构主义认为，人在获得概念时自身的经验和经历建构了自己对概念的认知。对学生来讲，获得的知识并不是直接通过教师讲授获得的，而是通过自己主动地学习，接受教师或者同学的帮助，经过自身建构而获得知识。通过这种方式可以使学习到的概念更加深刻，更加完善，记忆更长久。与传统教学观念不同，它强调学生是学习的主体，同时也强调教师的指导作用。物理来源于生活，就在我们身边。但有些物理概念太过抽象，学生学习起来很困难，因此，教师应在课堂上把握好师生角色的定位，善于运用构建主义，利用身边的生活实例、物理小实验、模拟物理情境，将学生带入教育情境，充分发挥学生的主动性，调动学生积极参与课堂教学活动，构建高效的高中物理课堂。①

2. 多元智能理论

多元智能理论认为，人的智力构成是由八个不同的范畴组成的。不同学生在不同方面都有自身的特点，教师要为学生创造学习机会和发展空间，在不同的情境之中充分挖掘和发挥学生各自的潜能，了解学生的特长。本书将通过实践研究，采取有效的教学方法，让其充分发挥其自身特点，实现个性化学习。教师要善于改变固有的、传统的教学观念和教学目标，从关注学生的角度出发，因材施教，充分发挥学生的个体优势，实现高中物理学习的高效性，使教学过程完善。在教学过程中，重视学生智能的培养，突出学生

① 黄丽娥．高中物理课堂有效教学的研究 [D]. 福州：福建师范大学，2013：45.

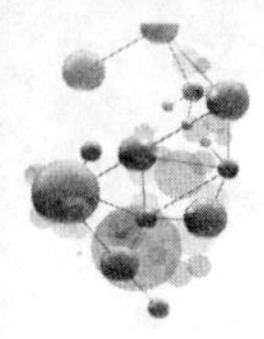

的主体地位。

3. 认知理论

认知理论认为，每个人都有理解的能力，人通过自己的心理去获取知识并处理知识。不同的人有不同的认知方式，有的人更容易受到外界影响，有的人善于从内部环境进行理解。对于学生来说，学生的学习方法、兴趣以及考试成绩，都受到他们自身认知特点的影响。本书将研究学生的认知特点，分别对不同的学生采取不同的引导方式。对于学生来说，每一种认知方式都有优点和缺点，只有充分发挥学生自身的特点，才能让其对知识的掌握更加深刻，才能使物理课堂的学习更有效。

二、提高高中物理课堂有效性教学的基本策略

基于调研结果，为了改进教学，初步提出以下基本策略。

（一）课前推送微课，提高学生的课前预习效果

为了提高课堂教学内容的有效性，一定要做好课前预习。大家都认识到学生自主学习的重要性，那么把学生学习的积极性调动起来之后，接踵而来的是与之匹配的学习资源，我们提倡采用课前观看微课的方式进行预习。微课是针对某个概念、规律、类型题、知识点而录制的一个时间很短的视频，微课中可以加入视频、图片、动画等，内容丰富多彩，生动有趣。微课可以依据历年来学生学习过程中常遇到的重难点进行设计，针对性强，哪里不懂看哪里，哪里不会学哪里，不像在课堂上那样整齐划一，可以帮助学生实现个性化、差异化学习。

更重要的是，微课的播放和观看时间、地点可自由选择，学生可根据自己的情况操控播放节奏并能边观看边思考。因此，学习者有很大的自主空间，可以真正提高学生的主动性和自学能力。投入微课的教学将通过改变教师“教的方式”和学生“学的方式”改变教学模式，促进课改的真正实施。

（二）制定针对性的课堂讨论案，实现有效讨论

新课程实施至今，为了充分调动学生的积极性与主动性，提高学生的核心素养，体现新课程理念，全国各地出现了各种各样的教学模式，在课堂

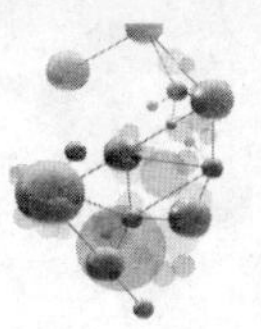

上出现热闹和激烈的探讨，也达到了一定的目的，毕竟探究性实验增强了学生的参与度，小组合作增强了学生的合作意识和能力，相互交流和展示增强了学生的自信。可课后仔细反思一下，总会发现很多课堂教学太过流于形式，没有准确把握学生，并没有很好地激发学生的感情。另外，从课堂教学测试及反馈来看，教师对学生知识掌握情况了解得不充分，有些知识点甚至落实不到位，教学效果并不理想。究其原因，是课程实施过程中大部分课堂教学太注重形式而忽略了本质。课堂热闹了，但课堂讨论的内容并不紧凑，出现学生因没有可深入讨论的内容而说废话的情况。在课堂讨论中，有些知识点学生很容易掌握，而又花费很多时间去讨论是毫无意义的；有些内容比较难，学生理解困难。现在的物理配套练习（如《课时详解》等）都已设计了很好的预习及自学内容，其形式与学案基本类似，因此，再重复设计导学案势必增加学生负担，降低学习效率，且学生也不愿做重复工作，故教师讲课时也面临重复教学的尴尬。所以，为了使学生的课堂讨论更有实际意义和价值，我们舍弃所谓的“预习案”，重新设计了课堂上专为学生讨论用的讨论案，在学生课堂讨论的问题上多下功夫，设计出了既紧扣教材又能引导学生使其达到真正的有效讨论。如“牛顿第一定律”课堂讨论案设计问题如下。

(1) 通过课本预习，请总结一下亚里士多德关于力和运动的观点是什么？假如你是亚里士多德，试举例表述如何得出这样的观点？

(2) 伽利略对于力和运动的观点又是怎样的？假如你是伽利略，请举例表述亚里士多德的观点有何不足之处。你要用什么方法来论证自己的观点？说明论证过程。

(3) 假如你是现代物理学家，请运用辩证的思想分别评价亚里士多德与伽利略对力和运动有何影响。

(4) 本节课通过对力和运动发展史的学习，对你今后的学习和生活有何启发？

讨论案里设计的问题是开放性的，并没有固定答案，学生可以畅所欲言，充分表达自己的观点和看法，并让学生学会换位思考。通过激烈的争论，学生学到的不仅仅是物理知识，还能学会做人，体会科学的魅力，感受科学家的伟大之处。

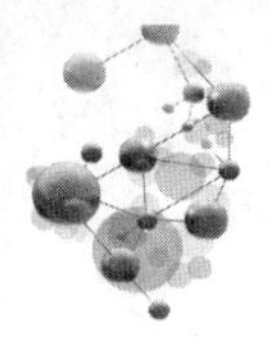

(三)增加课堂趣味实验，激发学生的学习兴趣

物理学是一门以实验为基础的科学，物理知识和实际生活息息相关，随手都能做实验或者利用身边的东西都可以做实验能够达到一个最好的效果。如在讲牛顿第三定律时，我们用废旧挂历及易拉罐制作一个火箭模型，用大的可乐瓶、废气门芯、橡胶塞及破羽毛球拍上拆下的线制作一个气火箭在课堂上演示。其演示效果及所用材料的来源、价值做一比较之后，学生大都立刻睁大眼睛将嘴巴张成“O”形。同样，废旧的电线、坏小电动机里的磁铁、筷子、小石块、黑板擦等都可拿来做实验。我们认为这样做应该会让学生对物理产生更直接的亲切感。

(四)利用典型例题，拓展延伸，提高实效

通过习题练习使学生有效理解和提高本节课所学的知识，对知识进行内化，从而真正提高学生的综合素质和学习能力，提高教学质量和效果。但基于物理学科本身特点，题型种类繁多，综合性强，若就题论题，整节课没有主题，问题过于分散，且上课形式过于单调，学生注意力容易分散，难以较好地参与进来。对于重点题型不妨适当变式拓展，层层递进，这样能够有效抓住学生的注意力，增加与学生的互动，使学生更好地融入课堂教学，有利于培养学生的创新思维和解决问题的能力，切实提高教学的有效性。

(五)发挥平板网络优势，构建高效课堂教学模式

随着科学技术的发展，信息技术以无可比拟的优势走入了高中物理教学的课堂。而在高中物理教学课堂中，应用平板这样的信息平台可以大大提高批改作业的效率，实时掌握学生的学习情况，课堂上能有针对性地讲解，做到有效讲解，提高高中物理的教学质量和教学效率。

通过对学生学习效果的分析，研究学生学习方式的变革，及时优化课堂教学结构，调整课前、课中、课后的教学设计和安排，利用平板设备实现“先学后导，合作探究”的翻转课堂教学模式。从而不断深化课程改革，提高学生的科学素养，真正提高高中物理课堂教学的有效性。

“先学后导，合作探究”是以引导为主，以学生自主学习和小组探究为

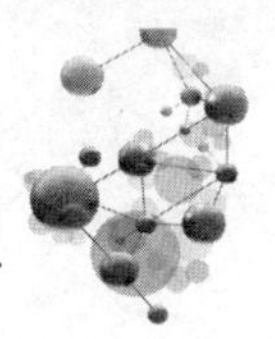

核心，以教师最后总结点评教育为方向，不断解决问题，又不断提出问题。在此基础上，逐渐形成以小组为核心，通过平板信息统计，及时发现学生在课前、课中、课后出现的问题，教师精准给予同学们引导，同时再提出新问题的学习模式，从而培养学生的科学研究精神，提高学生的核心素养，真正提高课堂教学效果。该教学模式要求学习具有如下特点。①学生是主体，教师是主导。②教师课前做好微课的录制，讨论案的精选问题设置，课前通过平台进行作业推送及批改。③学习过程是以学生自主探究小组合作为主。④学习是以问题或主题为中心的。

这样的教学模式将培养学生的问题意识，问题意识一旦培养起来，就会激发学生解决问题的兴趣，解决的过程又会用到很多知识，从而不断学到新知识，而且又发现了知识的作用，提高了对知识本身的认识。在实际教学中，由问题或主题引发的新知识不仅局限于课本，也可能是从生活或者其他学科中得到，这些有实际意义的问题可以激发学生主动学习的激情，并产生一种要解决这些问题的愿望。

第二节　合作学习教学策略与物理课堂教学策略实践研究

一、相关理论概述

（一）合作学习

1. 合作学习的概念

合作学习从产生之后就得到了很多专家学者的关注，针对其定义，不同国家在不同领域开展的研究不同，因此对于其界定也不完全相同。实际上，在我国古代的教育体系当中就存在着合作学习的一些理念。到了20世纪中期，美国大力推动教育行业的改革，也促进了很多新型教育理念的出现。①

合作学习要求教师将教育学、心理学等方面的理论知识运用到教学活

① 李建中．关于合作学习在高中物理教学中应用的理论和实践研究 [J]. 科技风，2022(6)：43-45.

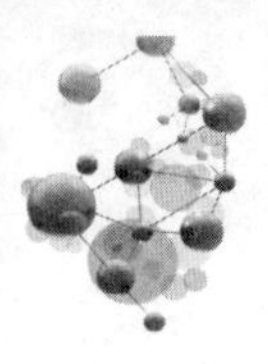

动之中，促使教师与学生之间，以及学生相互之间建立良好的沟通合作关系。学生将会在与同学和教师进行合作的过程中不断强化自身的学习能力以及合作意识，不仅能够提升学习的效果，也可以培养更加完善的综合素养。在设置合作学习的教学目标时，不仅包含了学术性方面的内容，还有技能目标。合作学习不是对传统教学模式进行完全的否认，而是考虑到了个体性以及集体的相关特点，采用小组和班级授课相互结合的方式。合作学习不排斥测验的内容，但是其开展的相关测验并非为了排名次，而是为了考查小组任务的完成情况，对学生的学习效果进行检验。合作学习采取的评价模式和传统的评价方式也存在差异，并非只有教师对学生表现给予的相关评价，还有学生之间的互评、学生对教师的评价等。基于国内外已有学者关于合作学习概念界定的相关研究，结合自身的实际认识，笔者认为，合作学习应当是师生以及学生之间相互产生作用的统一整体，因此，合作学习应当包含以下几个方面的内容。

(1) 打造民主课堂，关注教师与学生之间的意见交互。

(2) 通过学习小组的模式实现合作学习。

(3) 小组内的学生应当通过面对面的方式进行有组织的沟通。

(4) 合作学习的根本目标是促使学生更加高效地完成学习任务，因此，应当确保合作学习的内容与学习目标紧密相关，将小组的成绩作为教学评价的关键依据，并向成绩优异的小组提供奖励。

(5) 教师一方面要把握教学活动的进展，另一方面要对学习任务进行分配。

综上所述，笔者认为，应当将合作学习的概念界定为一种多边交互的教学模式，在这一模式下，教师将会打造出一种民主的课堂，促使教师与学生之间以及学生相互之间的意见交互、互帮互助。在教学评价这一环节，应当将评价的对象从个体转变为集体，进而充分发挥出学生的主体性，促使学生积极通过合作的方式来达成学习任务，培养合作能力。

2. 合作学习的特点

对于合作学习的特点，不同学者的表述也不尽相同。但是有不少特点的内涵相同，其特点表现为以下几个方面。

(1) 合作性。小组学习是合作学习的基本形式。教师应当依照学生的性

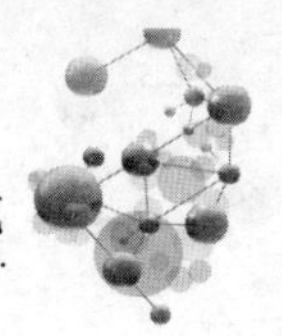

别、性格、学习能力等多方面的特征进行小组划分。学习的基础是共同学习和讨论，旨在为班级里的所有学生创造出更加公平的机会和更好的学习氛围。

(2) 互赖性。采用合作学习的方式将传统的只将个人成绩作为唯一衡量标准的方式进行创新。主要目标是小组共同的发展和进步，改变了传统教学过程中采用的以个体竞争为主的交往方式。

(3) 目标性。参与到合作学习当中的小组成员不仅需要自己争取到相关目标的实现，而且需要帮助小组内的同学进步。通过长时间的合作和沟通，取长补短，共同实现学习目标。在合作学习的过程中，学生之间的信息和情感交流可以加深，促进思维以及智慧火花的迸发。这是合作教学方式和传统的班级教学方法差别最明显的地方。合作学习的一些理论指出，学生的关系对于学生的综合发展影响更大，超过了其他影响因素。

(4) 竞争性。在传统模式下，学生之间构成的是一种个体竞争关系，而在合作模式下，小组内的学生是合作关系，不同组别之间则会构成集体性的竞争关系。在合作过程中，学生会对小组产生归属感与荣誉感，更加积极地提升自身的学习能力，让小组更好地参与竞争，增强了学生的集体荣誉感。

3. 合作学习的基本要素

在教学实践中，要使合作学习区别于其他的教学活动，小组活动必须具备特定的品质，即合作学习的基本要素。约翰逊兄弟建立了五因素理论，这一理论已经得到了领域内学者的广泛认同。它包含以下 5 个方面的内容。

(1) 积极互赖。

约翰逊提出，在合作学习这一模式下，小组的成员之间必须建立一种互相依赖的积极关系。具体来说，这种依赖体现在如下几个方面。

①积极的目标互赖。为能够强化学生之间在目标层面上的相互依赖，教师应当面向学生制定出明晰的学习目标。此时，组内的学生将会以目标为核心而共同努力，进而建立互相依赖的关系。

②积极的奖励互赖。在小组实现学习目标后，全部的学生都能够获取嘉奖，常规奖励能够提高合作的积极性，学生为了获取奖励，将会与其他的成员建立一种互相依赖的关系。

③积极的角色互赖。在达成学习任务的过程中，小组内所有学生都必

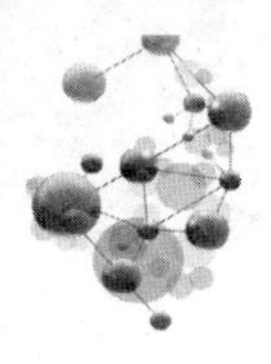

须承担自己的责任，充当不同的角色。这些角色之间将会构成一种互补的关系，只有不同角色之间相互协调才能顺利实现学习目标。

④积极的资料互赖。教师在进行学习资料发放时，每个学生获得的资料不同，此时如果学生想要达成学习目标，就必须对彼此掌握的资料进行分享与交互，进而构成资料互赖的关系。

(2) 面对面的促进性互动。

约翰逊等提出，小组的成员之间必须通过面对面的方式进行交互，进而改善教学活动的效果。

①学生在相互讨论与沟通的过程中可以提升对理论知识的认知水平。

②通过面对面的沟通与交流，小组内的学生之间将会构成一种微型的社会，此时学生交流的过程也是社会交往、学习社会规范的过程。在交往的过程中，每个成员都必须对组内的其他成员负责，此时学生将会建立与人合作的能力以及社会责任意识。

③在交流的过程中，学生彼此了解并学会与人交往的方式，建立了一定的人际关系，提升了自身的人际交往能力。

(3) 个体责任。

教师在对学习任务进行布置以后，小组内每个成员都必须承担相应的责任，只有这样才能提升成员之间的协调性，为学习任务的实现提供保障。另外，教师在对学生进行评价的过程中也应当考查学生的责任履行情况。

(4) 人际和小组技能。

在开展合作学习的过程中，学生的人际交流能力将会直接决定小组学习目标的实现水平。如果小组内的学生都能够拥有良好的交往能力，此时小组也将会更高效地完成学习任务，取得更加理想的学习成绩。

(5) 小组自评。

如果要确保合作学习充分发挥出其应有的效用，每个小组都应当定期对自身的合作能力、学习能力等进行反思和评价。

对合作学习的基本要素的研究，领域内也有一些研究人员提出了差异化的看法。比如，学者斯莱文提出三因素理论：在落实合作学习这一模式的过程中，首先应当确立小组目标，其次教师应当确保所有小组获取成功的机会都是平等的，最后应当明确不同成员承担的责任。研究人员库艾豪的四因

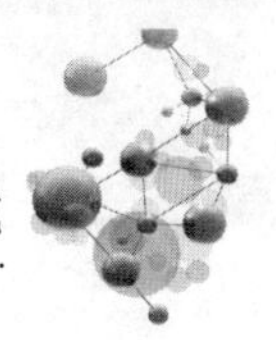

素理论指出：在开展合作学习的过程中，首先教师应当对小组进行划分与管理，其次应当面向小组进行学习任务配置，再次小组之间开展社会性的交流活动，最后小组应当围绕学习的目标进行探索性沟通。领域内围绕合作学习基本因素的研究较多，虽然学者对于合作学习基本因素的表述有差异，但是我们也发现，在各种论述中，有一些因素是共同的，就是合作学习的关键因素，我们应该予以关注。

4. 合作学习的基本方法

从 20 世纪 20 年代开始，社会心理学领域开始探究合作问题，不过将合作学习具体运用到课堂教学中是从 20 世纪 70 年代开始的，运用最广泛的基本合作学习方法有以下几种。

(1) 切块拼接法。

阿伦逊及其同事设计了切块拼接法，每个学习小组包含 6 个学生。教师将会在课前对学习资料进行分割，每个学生只需要学习一部分内容，各小组中学习同一内容的学生先对共同分享的资料进行讨论学习，掌握后返回原来的小组，此时，小组成员各自掌握了不同的资料信息，他们将此前讨论得出的知识传授给组内的其他成员。

(2) 共同学习法。

约翰逊建立的共学模式提出，教师应当依据学生的特征，将不同的学生划分到一个小组之中，并面向小组制定出学习任务清单。其后小组内的成员将会通过共同合作的方式实现学习任务。在评价阶段，教师将会依据小组成绩来决定是否要给予一定的奖励。

(3) 小组调查。

研究人员沙伦建立了小组调查模式。他提出应当选择 2 ~ 6 人构成一个小组，教师将学习目标划分为多个小课题，并将每个课题划分为 2 ~ 6 个任务。每个学生根据自己的任务开展活动，每个小组完成报告后，向全班展示他们的收获和发现。

(二) 理论基础

1. 班杜拉的社会学习理论

在社会学习理论发展的进程中，班杜拉是其中比较具有代表性的人物。

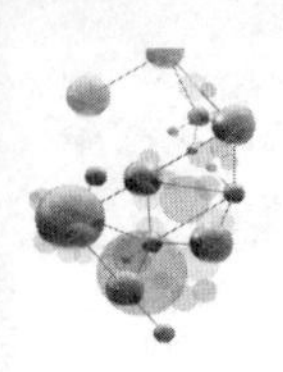

他指出，学习就是观察和模仿榜样。人的行为会和其所处的环境相互作用，这一理论探讨的也是人的认知、行为和环境之间的关系，最终在交互作用下对人类的行为产生影响。按照他提出的理论，学习的过程如下：学生一般先对榜样进行观察，不仅可以观察其行为，还可以看到榜样得到的收获。因此说，榜样带来的力量也是无穷的，只有榜样的作用得到了发挥，学生在遇到类似的问题之后才会采用榜样的经验和感悟来处理问题，也就是观察学习，将其称为“示范进行的学习”。

在合作学习过程中，社会学习理论是其开展的重要理论基础。学生仅仅凭借着自己的努力显然无法提升他们的学习积极性。学生当中存在着很多的学习资源，一些学生的学习习惯良好，如一些学生勤奋刻苦、表达和沟通能力良好、掌握了灵活的学习手段，这些都可以成为学生学习的典范。周围一些在学习上能力比较弱的学生可以受到这些榜样的鼓舞和感染，就会采用和榜样相似的方法，最大限度地得到成功。采用观察学习的方式可能会比教师教育的方式更加直接有效，更容易提升学生的学习积极性和主动性。教师和学生之间因为生活经历、教育水平等多方面的差异，可能会存在代沟。而学生之间年龄相仿，认知水平相近，他们在交流和沟通的过程中更容易被认同。

2. 罗杰斯的自由学习理论

罗杰斯建立的自由学习理论提出，所有个体都生而具有学习知识的意愿，同时也拥有实现这一意愿的能力。在外部环境的支持作用下，个体的这种情况和能力将会得到充分的激发。在这种情况下，学生不需要教师以十分细致的方式对知识进行讲解，也不需要教师来决定学生应该学习些什么内容。学习应当是自由的，学生需要在一个自由且安全的氛围当中学习，让学生可以感受到每天学习的内容是他们感兴趣的，这样才可以更加主动地接受知识，也就自然而然地引起探究。教师的任务也在这种情况下发生了变化，不需要采用传统教学当中的说教和教诲。在学习过程中，教师承担的责任不应当是教授学生知识、内容与方法，而是应当为学生提供丰富的资源，当他们遇到困难时，可以提供相关的帮助；当他们有挫败感时，可以给予及时的鼓励。

在合作学习当中可以看到自由学习理论的相关特点，在很多情况下，

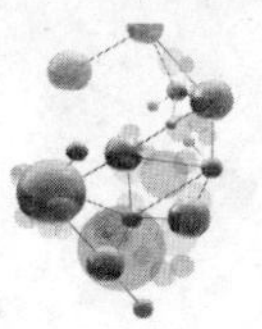

学生可以自由组队，选择想要解决的具体问题，进而确定研究过程中采用的研究方法，最后获得相应的成果。在学习过程中，教师扮演着引导者与促进者的角色，只是在课前帮助设置好问题，当学生出现问题时及时给予指导和帮助，在课程结束时给予点评和激励等。学生始终应当是课堂教学的主体，尤其是在自主学习的环节，学生的学习和交流应当体现出学习的自主性特点。

从人本主义理论中的相关内容可以发现，学生的第一个角色是人，然后才会扮演其他角色。而人的内在需求包含探索和求知，当人处于民主和谐、安全的学习环境时，即便是没有了管束和教导，依然会十分愉快地学习。

3. 马克思的社会交往理论

马克思开创了社会交往理论，他认为个体在寻求生存与发展的过程中必然要开展社会交往活动。在交往中不可避免要产生合作。社会交往理论当中指出，人们在合作的过程中不仅可以实现个人的目标，而且可以得到更加良好的人际关系。在小组当中，个人的努力不仅体现了自己的价值，也展示了集体的成果。这种双赢的结果会促进成员更加积极努力合作，以此来争取集体的成功。

这一理论指出人和人之间的合作很有必要，可以使集体的凝聚力和向心力得到提升，加深成员之间的友谊。如果在一个小组当中选择了不同资质的学生，在构成小组之后，学生之间的沟通和交流会让彼此之间的互动增多，变得更加和谐。若这种和谐的关系可以上升为友谊，成员之间的关系也会变得更加稳固。

在合作学习方式具体实施的过程中，教师需要为学生提供的是一个更加尊重、理解且依赖的教育环境，在交流的过程中让每个学生都可以选择自己喜欢的小组。每一次的任务在圆满结束后都会增强成员的成就感，而且在多次的合作之后，不同的成员之间便会形成不可分割的关系，这也就形成了一种互赖关系。

二、高中物理合作学习课堂教学策略

在高中物理课堂上，合作学习的方法贯穿教学始终。因此，在高中物

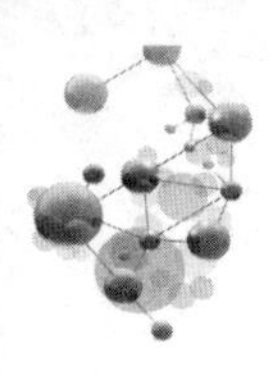

理课堂开展有效合作学习时，应当从合作学习准备策略（理论准备和操作准备）、合作学习实施策略这两个方面入手，多角度分析、阐述在高中物理课堂教学中实施合作学习，提升学习质量的一些具体策略。只有制定合适的策略，才能保障合作学习顺利进行并最终取得预期的效果。

（一）准备策略

合作学习的课堂教学准备策略主要是指师生在开展合作学习教学之前所要进行的理论准备工作和教师的操作准备工作。为了让小组合作学习真正促进普通高中物理课堂的教学效果，打造新课改下的普通高中物理高效课堂，笔者在教学实践中总结出小组合作学习的课堂教学准备应该做到以下几个方面。

1. 理论准备策略

（1）提升教师素质，奠定合作学习基础。

与传统的授课模式不同，合作学习的应用也需要教师在观念和实际教学当中进行改变。这就需要教师提升他们的综合素质，在实际教学前应当做好相关的准备工作。

①合作理论的培养。教师是课程改革的实施者，许多教师对合作学习的认知水平较低，没能明确获知合作学习的根本目的，也没能以合理的方式将合作学习融入教学策略规划之中，只是一味地利用现有经验生搬硬套，导致合作学习发挥的现实作用十分有限。因此，想要开展有效的合作学习，首先应当提升教师对合作学习的认识水平，让教师全面地了解这一教学模式的基本理念、要素、方法、策略等。

②转变教师角色。在传统的教学模式下，教师是课堂教学的主宰者，而在合作学习的模式下，学生才是学习的主体，教学活动也都是以他们为核心来开展的，教师只是扮演课堂教学的调控者、引导者的角色，并非权威。

③提升教师的掌控力。灵活程度高是合作学习的主要特点，在实际教学开展的过程中，受学生心理特点以及思维特点的影响，并非每节课程都可以按照教师事先设定好的步骤、时间完成，在实际开展当中会遇到各种不同的突发情况。如学生在参与到合作学习的过程中出现困难，可能是教师事先预设的时间不够，需要根据实际情况来进行调整。这种情况下需要教师延长

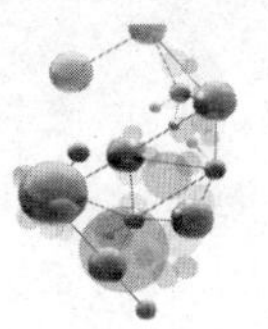

时间或者引导来促进任务快速完成。在合作学习开展中会遇到各种问题，教师也无法对所有情况和问题进行预设，做好准备，因此在出现突发状况后，教师应当依据实际情况对教学方案进行调节，这就对教师的课堂教学掌控能力提出了更高要求。

④提高教师的专业知识储备。相比传统教学，合作学习会涉及更加广泛的知识。教师需要组织学生开展实验操作，引导学生对实验方案进行规划，对现实问题进行分析与处理。教师自己不仅需要丰富的知识储备，还需要对基础知识进行专门的拓展。在实际采用合作学习的模式当中，教师需要具备的知识远远超过了课本的要求。必须丰富教师自身的知识储备，才可以满足当前不断增长的知识需求。

2. 提高学生认识，为合作学习做好铺垫

在合作学习的模式下，学生占据着主体地位，因此，在开展教学活动的过程中必须确保学生的主体性，激发学生学习物理的积极性。当前许多学生都深受传统学习模式的影响，对合作学习的了解度和接受度不高。针对这一问题，一方面，教师应当将合作学习的理念、基本要素、实施方法等传授给学生，让学生能够在更短时间内提升对合作学习的认知水平，为更早开展合作学习做好准备；另一方面，教师应当引导学生认识到自身在学习中的主体地位，提高学生的参与度。

（二）操作准备策略

1. 科学组建小组，确保合作学习高效开展

小组是合作学习开展的基本单位，所以想要确保合作学习顺利开展，必须保障分组的合理性。在实际教学的过程中，最容易出现问题的学习组合方式有两种：学生自己组合和前后桌随便组合。

(1) 每个学生在人际关系方面都会存在一定的偏好，如果教师只是简单地将关系更好的学生分配到一个组别，就会导致学生之间小团体的情况更加严重，不利于班级的稳定和谐。

(2) 学生在成绩方面存在差异，如果只是依照学生个人的偏好进行分组，就会导致组内成绩差距较大。高中阶段的物理知识存在较强的抽象性，同时，物理也被认为是难度比较大的课程，对学生的观察力和分析力要求更

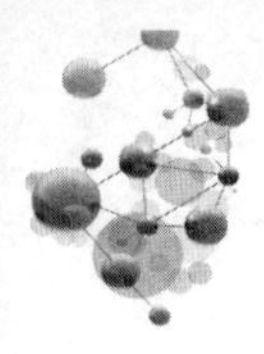

高，采用合作学习的方式能够更好地互补。如果小组内的成员成绩都不太理想，那么在讨论问题的时候，因为不会，可能没有学生愿意主动表达，也缺乏逻辑性和条理性，此时合作学习也难以发挥出理想的效果。因此，在合作学习分组的过程中应当遵循组间同质、组内异质的原则。这样在合作的过程中可以推动良性合作和竞争。让学习水平比较高的学生可以在完成自己任务的同时帮助带动学习程度较弱的学生，实现共同进步。组间同质，意思是不同的小组在整体实力上不应该相差太多，保障分组的公平性。

一般情况下，每个小组的人数应当在4~6人。如果小组人数超过了这一范围，就会导致组员之间的协调性降低。若人数过少，遇到比较复杂的问题时，每个学生需要承担更多的任务，可能没有办法在短时间内完成学习任务，更无法达到预期的目标和效果。为了提高小组分组的合理性，教师需要完成以下几方面的工作。

①分组前应当对自己教的学生有全面了解，包含成绩和性格等多方面的特点，还包含学生的表达、逻辑分析以及观察等多方面的能力。在充分考虑到这些方面的能力之后，确保可以互补互助，相互促进，推动学习效率的提升。

②分组后需要小组内的成员进行相互的磨合。一些学生可能因为对分组情况不满意而不愿意参与到合作交流当中，此时需要教师介入小组活动当中，及时做好课下指导以及引导的工作，鼓励有情绪的学生或者学习困难的学生能够积极地参与到小组活动当中，促进小组内学生关系的改善。

③分组完成一段时间后，需要根据小组的实际情况来对小组内的人员进行调整。通过调整来让学生有机会和其他更多的学生进行合作。另外，也可以通过小组的调整让小组内的成员变得更加合理，促进合作学习效率的提高。

2. 做好整体设计，提升合作学习效率

物理学科的抽象性和逻辑性都很明显，需要学生具备强大的逻辑思维以及理解能力。高中物理教学过程中应用合作学习模式，会将一些时间和空间交给学生，这并不意味着教师不需要履行自己的责任。为了确保课程有足够的逻辑性和连续性，教师需要在课程开始之前对每个环节和问题做好预设。具体设置的过程可以采用以下方式。

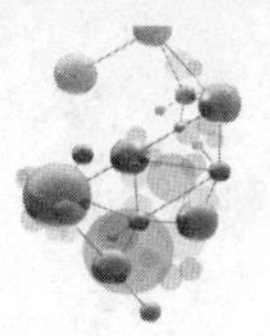

（1）根据教学内容选择合适的教学方式。在高中阶段的物理课程之中，实验是十分关键的组成部分。教师应当引导学生依托实验来观察一些物理模型，将抽象的知识变得更加生动和容易理解，借助物理规律帮助学生解决实际问题。整个教学过程不是一蹴而就的，应当循序渐进，逐步推进。所以在高中物理合作教学实际开展的过程中，教师可以在课程的前半部分设置与实验相关的观察和交流、讨论环节。让学生通过实验产生了一些基本的认识和观点之后，教师再对一些观点进行评价，进入教师小结的阶段。在具体教学的过程中，可以采用“牛刀小试”这种实际训练的环节，也可以通过小组内部的分工不同和讨论交流来熟练地掌握物理定理与公式，并且学会应用这些公式和定律等，最终形成自己的理解和认识。

（2）明确教学过程当中的重点和难点。每节物理课都有教学的重难点，而这些重难点任务也是教学活动开展的核心部分，问题的难度可以不断地加大，使学生的理解层次得到逐层提高。另外，成绩分层在每个班级当中是不可避免的。对于这种情况，问题的数量以及难度都应当合理，争取让学习水平比较高的学生可以有充沛的精力来带动组内学习成绩相对靠后的同学，而组内学习水平相对落后的学生也有时间可以完成自己的问题，即便是比较难的问题，也能够形成自己的基本思路。问题最终需要在实际讨论的过程中得到解决。当然，针对具体情况不同的班级，设置的问题应当随时变动，根据班级里学生的学习水平进行专门的调整。

在实际教学当中，合作学习具体应用的方式是比较多样化的，如学生之间的合作、教师和学生之间的合作。问题的形式和内容存在差异，解决问题的方式也应当是有差异的。但每个问题一般都有效率最高的处理方法，此时教师应当明晰合作学习具体应用的方式。在高中物理教学当中，并非所有的问题都可以采用合作学习来进行解决。对于预设的问题，教师需要在上课之前设置好专门的解决方式，从而提升教学效率。

（3）根据学习内容的不同采用不同的合作学习类型。表 4-1 为高二理科班选修物理课程的内容，选取部分，明确其应当采用哪种具体的合作学习方式。

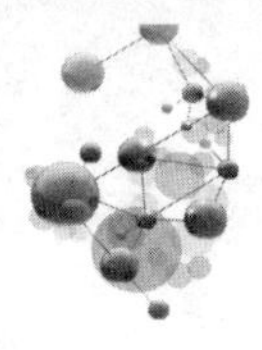

表 4–1　人教版高中物理选修 3–1

章节名称	各节内容	课程内容特点	适合采用的合作学习模式
恒定电流	电源和电流	理论性和分析性比较强，抽象，重难点	师生合作模式
	电动势	理论性和分析性比较强，抽象，重难点	师生合作模式
	欧姆定律	理论性和分析性比较强，抽象，重难点，应用范围广泛	师生合作 + 生生合作
	串联和并联电路	抽象性和理论性比较强，但具有一定的可操作性	师生合作 + 生生合作
	焦耳定律	抽象性和理论性比较强，但具有一定的可操作性	师生合作 + 生生合作
	导体的电阻	抽象性和理论性比较强，但具有一定的可操作性	师生合作 + 生生合作
	闭合电路欧姆定律	抽象性和理论性比较强，但具有一定的可操作性	师生合作 + 生生合作
	多用电表原理	抽象性和理论性比较强，但具有一定的可操作性	师生合作 + 生生合作
	实验：练习使用多用电表	实践操作能力要求较高	生生合作
	测定电源的电动势及内阻	实践操作能力要求较高	生生合作
	简单的逻辑电路	操作简单且便于上手	生生合作

(4) 结合学生的兴趣爱好准备教学内容。如果教师准备的教学内容与学生的兴趣爱好相差太远，那么他们可能也没有足够的兴趣参与到课堂教学当中，学习的积极性和主动性必然会降低。

(5) 内容和环节应当符合物理学科特点。有学者通过研究和实验发现，教育实际承担的功能是让学生树立正确的认识，同时还应该通过学习发现知识以及学科自身具备的相关结构。在掌握了学科知识结构后，学生就可以形成完善的认知结构，帮助实现知识的迁移以及更好的应用。学生已经形成的知识体系具有以下几个方面的不足之处。①知识体系不够完整，而且总体上看比较脆弱。②惰性是当前学生知识体系的典型特点，在需要的时候无法

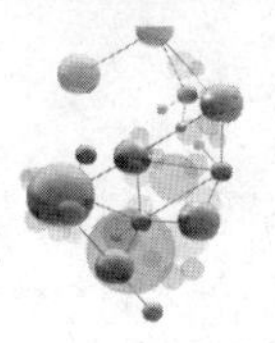

及时使用。③灵活度欠缺。学生的知识体系不够灵活，即便是在一些相似的情境当中也没有办法做到迁移应用，因此，要求教师在设计课程的过程中应当以学生已经形成的知识结构为基础，根据学生熟悉的情况，逐步引入新的知识。

在设置问题时也应当以学生熟悉的情况为基础，引入新的内容。同时，还要考虑到学生的基本情况，如果设置的问题太难，学生的自信心和积极性就会受到影响；如果设置的问题太简单，就会降低设置这个问题的必要性，也会降低课堂教学效率。

3. 整合资源，提供合作保障

从意义学习观的角度来看，学习可以分为有意义学习和无意义学习。对于学习的人而言，有意义学习是有价值的。有意义学习需要一个真正的主体，学习者正是其中的主体，通过开展相关的学习活动得到知识技能和经验。在传统的授课模式下，教师是课堂教学的主体，传授给学生的很多也都是一些比较间接的经验。在实际教学活动开展的过程中，学生没有机会参与到其中，因此也没有更多的途径来获取直接经验，对学习效果产生不良影响。

在实际教学当中可用的教学资源种类比较多，比如，多媒体、视频以及动画和实验设备等，可以帮助学生构建专门的情境，有机联系起知识结构和现实情况。现如今，随着国家在教育领域上财政支持力度的不断加大，学校的硬件设施也都得到了提升，不少学校都使用多媒体系统。在这种背景下出现了一些教师对于多媒体的依赖性过大，不管什么内容的讲解都会借助于多媒体技术。比如，物理当中的一些实验，本应该是由学生来实际操作的，却最终都改成了动画。这种动画的方式虽然比较简单，但是不够真实，学生可能没有办法将自己的实际经验和动画内容结合起来。采用这样的方式可以发现，学生有可能只是看了一个热闹，并未下意识地将这些新知识纳入自己的知识体系当中。因此，这就要求在实际开展物理合作教学当中，教师要为学生创造出更多能够得到直接经验的机会，借助于实验的开展得到相关的物理规律。教师应当整合各种不同类型的资源，为每个学生提供参与到实验当中的机会。如果实验条件有限，可以让学生观看教师的操作过程，不能不给学生提供思考的机会而直接给出答案，应当让学生观察相关的实验现象，通过

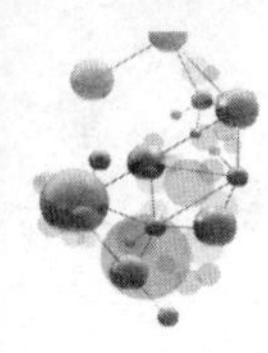

小组讨论的方式得到相关结论，学生也可以在整个过程中发挥主观能动性。

(三)实施策略

在高中物理教学当中，合作学习在物理学科当中的应用比较系统和复杂，应当给予足够的重视。合作学习成功开展的前提是前期准备阶段进入课堂实际教学阶段怎样精确、科学地实施合作学习，让学生在学习过程中获得应用的知识，实现最初设定的预期目标。这些问题都是在实际课堂实践当中应当解决的相关问题。在课堂上，教师要调动学生主动参与的意识，让全体学生共同发展。因此，在小组合作学习的实验教学中，采用以下策略提高课堂教学效率。

1. 利用资源，创设合作条件

教师应当将已经具备的教学资源纳入教学计划当中，在教学过程中，合理应用这些资源。教学资源包含了多媒体、视频、动画以及实验设备等，可以帮助学生构建起更加生动的情境，紧密联系已有的知识结构和现实实际情况。对于一些在初中已经接触到的知识，可以在讲解新知识之前，让学生对学过的知识进行回顾和复习。在学生复习好的基础上学习新知识，可以让学生更容易地接受新知识，促进课堂教学的顺利开展和进行。

2. 培养兴趣，激发合作欲望

合作教学模式要想有效运用到实际教学中，首先要做的是提升学生学习物理的兴趣。高中物理知识概括性强、抽象、深奥，需要很强的逻辑思维能力，学生往往难以理解。所以在实施合作教学时，教师要仔细分析教学内容，利用互联网等收集相关教学资源，为学生创设教学情境，快速有效地吸引学生的注意力，充分调动学生的积极性，提升他们对物理的兴趣。只有这样，学生才会主动参与到合作学习中去，学生的学习能力、思维能力、合作能力才能得到提升。学生在和教师、同学的沟通交流中，提高了语言表达能力，更有助于其思维的发展，有利于其核心素养的提高。

3. 创造条件，提供合作机会

交流互动是合作学习的主要优点，想要确保合作学习自身拥有的优点得到发挥和实现，教师应当以课堂为纽带，和学生构建起良好的互动关系，否则，即便是分了小组，组员之间也不会开展具体的合作。

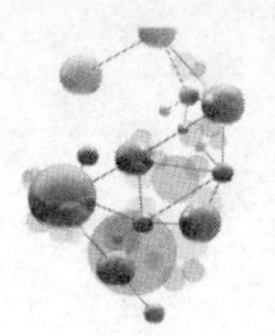

（1）目标和任务构成专门的关系。一个小组在学习当中的整体目标是一致的，比如，完成试验报告以及理论推导等。在特定的时间段内想要单独完成任务可能比较难，逐渐让学生感受到分工合作的重要性。通过分工把整个任务划分为不同的、可以相互依赖的任务。

（2）小组内可以进行角色互换。小组组员扮演的角色是不同的，但是每个人扮演的角色之间并非毫无关系，而是彼此有联系，或者是相互依赖的。在这种联系下，学生逐渐学会与他人合作。

4. 引导示范，培养合作技能

高中物理教学的基本目标并不是教会学生怎样去做题，而是要让他们掌握适当的方式方法去分析和解决问题，学会怎样学习。桑德对学生的学习技能开展了相关研究，认为学生的学习技能是多种多样的，包含收集、组织以及操作和交流等多种技能。教师应当注重让学生了解不同的技能，确保学生掌握技能的不同表现。比如，在信息收集时，教师不仅应该让学生注意听、用心记，还需要采用合作学习来完成引导和示范，让学生掌握从别人的话语当中得到信息的方法，将抽象的物理知识及模型和实验、生活实际内容连接起来。

5. 及时观察，适当科学指导

在合作学习当中，教师既是讲授者也是引导者，这种现象的出现不是教师的职能出现了缺失，而是教学方法发生了变化。在小组合作的开展过程中，教师要注意观察学生的状态：合作学习分组是否合理？小组内的成员是否和谐？学生在合作学习当中学了什么内容？分工合作的结果怎样？学生讨论的内容和学习内容是否相关，是否在交流当中遇到了困难？对学生进行了全方位的观察后，就可以对学生的相关情况进行全面了解，做好相关记录工作。对于教师而言，学生在课堂上的状态以及行为都是教学效果好坏的重要衡量标准，也是十分有用的反馈消息。基于这些获得的信息，教师可以根据情况的好坏对教学情况进行相应的调整，同时重视灵活教学，从而提升课堂教学效率。教师通过专门的引导，修正相关的合作方案，点拨重难点知识，让小组的合作学习模式应用更加明显，并且教师在实际介入过程中还需要做到及时和适当。在合作学习当中，学生是其中的主体，教师不能过多干预学生的主体权利和地位，让学生有更多的权利和自主性。对于存在的问

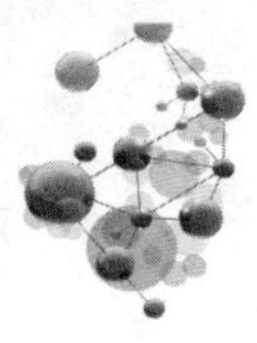

题，应当让学生在讨论之后解决，从而帮助学生提高自己的效能感。

6. 科学评价，促进合作热情

在评价观上，合作学习与传统教学并不相同。传统的教学评价是常模参照评价，学生将会以个体的形式构成竞争关系，并且竞争的内容比较单一，教师会简单地依据学生的成绩来进行排名，但是能够得到优等水平的学生只占少数，大部分学生在这种评估模式下都会逐步丧失自信心和学习的积极性。合作学习的教学评价是标准参照评价，在合作学习模式下，不仅要对课程的准备和实施方法进行转型与创新，还要对传统的教学评价方法进行改良。合作学习要求教师将评价重点放在小组总体成绩和学生的进步幅度上，以更科学的方式进行教学评价。合作学习除了已有的传统的评价指标体系外，还增加了合作技能和技巧，与传统的教学评价相比，合作学习的评价更加复杂。总的来说，合作学习的评价应注意以下四个方面。

(1) 全面评价。对学生进行评价采用的指标需要对学生进行全方位的衡量和评价，所以不但会和学生的知识与技能掌握情况密切相关，还应当将学生的习惯、方法以及态度等纳入评价范围之内，不能只采用一部分的指标，这样会显得评价比较片面，无法推动学生在合作学习当中更好地进步和表现。

(2) 针对评价。在实际合作学习当中，学生总会有对错之分，对于学生取得的成效，教师应当给予相应的鼓励和支持，同时，对学生存在的问题也应当给予专门的建议，正确引导学生的行为，让学生可以得到更长远的进步。

(3) 整体评价。在合作学习实际开展的过程中，要求学生积极参与其中，小组之间形成一种比较好的竞争关系。学习任务初步完成之后，在展示小组学习成果的环节，教师不应当只评价一些学生，还要对整个小组当中的成员进行评价。评价的内容包含小组分工合理与否、讨论结果和最终展示成果的好坏等。从整体和宏观的角度对学生开展评价，激发学生的积极性。

(4) 及时评价。教师应当在合理的时间对学生开展评价和引导。在和学生沟通的过程中，尤其是针对一些比较特殊的学生，教师在和学生进行交流与沟通时，评价应当不拘一格，这样学生会得到更加准确的信息。在结束小组活动以后，教师应当及时对学生进行评价，此时学生能够在第一时间了解

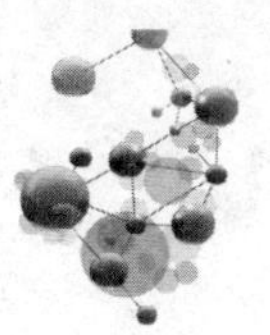

自己在小组活动当中得到的成效。比如，如果一个小组结束了某项实验方案的设计活动，教师就需要对小组的表现成效进行评价。每个学生的学习能力不同，因此，每个小组的学习情况也千差万别。教师应当对不同学生提出差异化的要求，评价的内容也应当以鼓励性为主，这样才有助于激发学生的合作热情。

第三节　深度学习策略在物理课堂的教学实践应用

一、概念界定和理论基础

(一) 深度学习的概念界定

1. 深度学习的定义

“深度学习”一词最早出现于国外，其英文全称为 Deep Learning，也被很多专家学者认为是教学方法或教学模式，笔者在本文中将其简称为“深度学习”，并将其应用为教学模式。对于深度学习的概念更是有非常多的表述版本，现将其中具有代表性的定义整理出来（见表 4-2）。

表 4–2　深度学习的定义统计

代表人物	定义
詹森	学生将获得的新内容或者技能进行多层次的学习和多水平的分析加工，改变自身思想、控制力、行为方式来应用这些内容或技能
孙银黎	高级认知技能的获得、分析、解释、合成、综合和评价信息或应用新技能
黎加厚	在理解学习的基础上，学习者能够批判性地学习知识和思想，把新的知识和思想融入已有的认知结构中
盛建国	教师指导学生完成某一个特定的“任务”或“产品”而进行深入研究的教学活动

本节通过分析将深度学习定义如下：学生在理解性学习的基础上，经过多层次的学习和多水平的分析加工，能够批判性地学习知识和思想，并且将已经内化的知识技能迁移应用到实际问题中。

2. 深度学习的内涵

深度学习是指，学习者能积极应对新知识和新问题，并通过整合已经

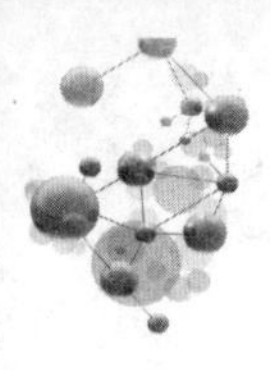

掌握的知识转化为学习者现有的知识系统，从而帮助学习者在面对新问题时能够做出决定，不是被动地接受知识、学习知识，而是主动地在原有知识经验的基础上建构属于自己的知识体系，最终能够灵活地迁移运用这些知识去解决问题。

（二）深度学习的理论基础

1. 建构主义理论

建构主义理论是指，学习者在认知过程中作为学习的主体，主动去获取知识技能而非被灌输式的被动接受。建构主义强调人的思维活动是主动建构的，是学习者在原有知识储备和经验的基础上，将其和新知识重新进行加工整合。对于物理学习而言，不同个体的物理概念、思维以及主观意识等方面都存在着差异，因此，学生即使是面对同样的知识或外界刺激，做出的反应也并不相同，而学习者具有的学习差异性在传统学习中却很容易被教师忽略。相比之下，建构主义在以下三方面对促进学生物理深度学习有了新的理解和一定的理论支持。

（1）在知识建构上，建构主义认为，知识并不是对客观事实的准确表征，也不是亘古不变的终极答案，它只是一种解释或假说，现实社会在不断地发展变化，知识也会随之更新，不存在一成不变的知识技能，我们在学习的过程中不能照搬照抄，拿来就用，需要根据实际情况来适当加工处理。

（2）在学习观上，建构主义认为，学习是学生主动创设生活情境、建构知识的过程。个体的差异会让学习者的学习方式、学习策略、学习结果都不一样，建构主义看重这些差异，注重学生的认知在学习过程中的发展以及在解决问题中的重组建构，强调学生身上蕴藏的巨大潜力。

（3）在教学观上，建构主义强调，以学生为中心开展教学，基于学生发展的需求和方向，教师合理创设情境，丰富物理表象，引导学生主动探索、参与知识的形成过程，并且，学习情境越真实合理，学生构建的知识就越牢固，知识的应用就越灵活。同时，教师应基于多维视角，鼓励学生通过合作学习从多维视角去审视理解相同的知识概念，达成深度建构。让学生通过积极主动地建构知识，意识到知识是动态的、可变的，进而可以将已经内化的知识或经验进行整合并迁移运用到实际问题中。

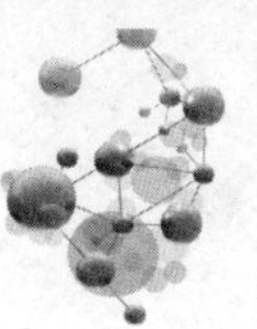

2. 元认知主义理论

弗莱维尔在20世纪70年代最早提出元认知理论（也称反省认知、反审认知、超认知、后设认知），属于认知心理学的研究范畴，是一种学习策略，指的是学生对于自己认知过程和调控能力的认知。元认知包含三个部分：元认知知识、元认知体验和元认知监控。具体如表4-3所示。

表4-3　元认知的内容及特点

分类	具体内容	特点
元认知知识	个体对自己、他人或外界的认知是其他认知的基础	对事物有较清晰的认知，面对问题时清楚应用何种方法、策略去解决问题
元认知体验	基于元认知知识基础上产生的情感体会，用来连接元认知知识和其他活动的监管	体验丰富，时间跨度长短不一，促进学生认知活动的深入发展，但也能够影响学生的情绪
元认知监控	个体自发地在元认知体验下对认知活动进行监测调整的过程，其核心在于自发性	能弄清问题含义并且在解决问题时能够及时检测认知过程的对错，对比评价认知结果以便确认认知活动是否需要补救

总而言之，学生在学习过程中若具有较高的元认知水平，便能够较好地理解和规划整个学习过程，具有较好的自控力和对时间的管理能力，会对自身的监控调节水平产生积极影响，即可以灵活地应用元认知中的体验和监控策略及时调整学习策略使其最优化，能够根据阶段性的评价结果及时总结反思并做出相应调整，这是一种高阶能力，可以培养学生的批判思维。深度学习对于学生对复杂性知识的获得和迁移提出更高要求，学生在认知过程中需要根据自身的实际情况和任务目标及时调节学习策略，以便达到更好的学习效果。这就需要学生具备高水平的元认知能力去自主选择相应的学习策略，同时，需要学生对于潜在问题具有高度敏感性，从一定程度上说，元认知能力可以培养学生的批判性思维，因此，深度学习的应用促进了元认知策略的发展。它是个人对自我学习和思想的监督与调整，是自我思想高度发展的体现。元认知理论认为，学习者可以有效控制自身的思维方式和学习过程，从反思中拓展学习。深度学习与元认知理论可以相互促进和改善对方。反思构建是深度学习的基本要素之一，学习者可以通过元认知知识和策略来调整与控制他们的学习过程及思维能力，及时发现问题并调整学习策略。

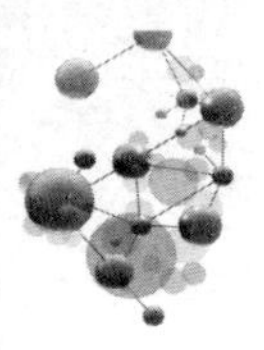

3. SOLO 理论

SOLO 理论可以评估学生深度学习后的知识掌握情况和思维发展水平，又称为“可观察的学习成结构”(Structure of The Oberserved Learning Outcome)。SOLO 理论的提出者比格斯认为，对学生个体评价的关注点在于对特定学习任务的结果上，换言之，学生的学习效果、对知识掌握和理解的程度可以通过学习结果来判断。他依据学生能力、思维操作、一致性与收敛以及回答结构四个维度清晰地将对于学生学习结果的评价从上到下分为五层。

(1) 前结构层次：基本上无法理解问题和解决问题，或者被材料中的无关内容误导，回答问题时逻辑混乱。

(2) 单点结构层次：回答问题只要涉及单一的点，找到一个解决问题的线索就立刻跳到结论上。

(3) 多点结构层次：回答问题能联系多个要点，但这些要点是相互孤立的，并无关联，未形成相关问题的知识网络。

(4) 关联结构层次：回答问题时能够联想问题的多个要点，并能将多个要点联系起来，整合成连贯一致的整体，说明学生真正理解了这个问题。

(5) 拓展抽象结构层次：回答问题能进行抽象概括，从理论的高度分析问题，使问题本身的意义得到拓展。

SOLO 分类理论的前三个层次对应的是浅层学习，三个层次的变化主要体现在学习要点数量的增加，而最后两个层次对应的是深度学习，主要体现在每个层次的变化对应着质的变化，即强调学习者在建构、分析、整合、运用知识时的能力以及在处理多变问题时的联想迁移能力。由此可看出，五个层次的关系是逐步从量的差异到质的差异的递进关系，并不是一味强调学生知识储备量的增加，而是注重学生对知识间的关联和应用，这与深度学习的宗旨非常吻合。因此，SOLO 分类理论应用于深度学习评价是可行的，并且将其和物理学科特点以及学生的认知水平相融合作为评判学生深度学习的程度，能够提供量化数据，便于进行研讨。

4. 核心素养理论

《普通高中物理课程标准》(2017 年版) 提出，“以发展物理核心素养为导向”，为新课改指明方向，同时，对学生的认知能力提出更高层次的要求，是物理学科的本质特征和育人价值的具体体现。培养学生的核心素养不是

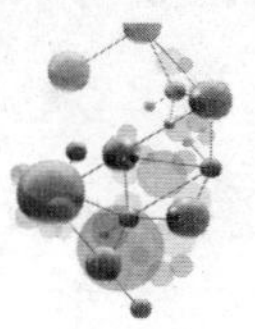

空喊口号，而是需要切实可行的举措，付诸行动的首要条件是教师要明确各个学科的核心素养。物理核心素养包括物理观念、科学思维、科学探究和科学态度与责任，旨在培养学生在头脑中将物理知识概念形成体系，而不是孤立的知识点，并能够用物质观、运动观、能量和相互作用等物理知识解释生活、自然现象或解决问题；学生在学习过程中对客观事物的本质、规律以及事物之间的联系进行认识、抽象、概括，培养自身的分析概括和逻辑推理能力，与此同时，能够及时反思、质疑，带有批判性思维去考虑问题；物理学科的核心素养是学生在接受物理教育过程中逐步形成的适应个人终身发展和社会发展需要的必备品格与关键能力，是学生通过物理学习内化的带有物理学科特性的品质，是学生科学素养的关键成分。物理核心素养的落实有利于促进物理深度学习。

二、促进学生深度学习高中物理力学的教学策略及应用

(一) 促进学生深度学习高中物理力学的教学策略

本书基于深度学习实践模型、建构主义理论、元认知理论和 SOLO 理论，确定深度学习的三个阶段：准备阶段、知识获取与深度加工阶段、评价阶段，与教学过程中的课前准备阶段、课堂教学阶段和课后评价阶段相对应。笔者结合对深度学习的理解和高中力学部分内容的分析，以及教师的教学现状和学生深度学习力学的情况，提出促进学生深度学习的教学策略，旨在促进学生深度学习，从而发展学生的物理核心素养。

1. 提高教师的基本素质，促进物理教学深度化

新课标、新教材、新高考要求教师积极主动地学习、思考如何有效进行教学实践活动。教师的基本素质会直接影响到教师的教学行为和教学质量。为帮助学生形成物理学科核心素养，实现深度学习，当代教师应做到以下几个方面。

(1) 学习核心素养，更新教育观念。

为了学生在步入社会后能够顺利应对现代和未来社会发展的挑战，教师应该立足于物理学科核心素养，学习思考应如何基于核心素养的要求培养学生的关键能力。通过创设真实有趣的物理情境，引导学生积极参与、乐于

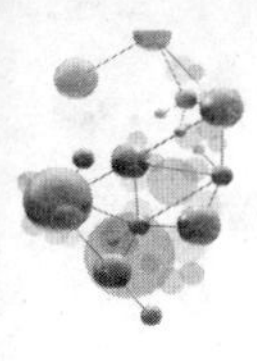

探究、善于实验、勤于思考，从而培养和发展学生的自主学习能力。对于新时代下的教育观念，教师不能仅停留在经验教学，更应该注重学生学科核心素养的形成与发展，而不是一味地灌输知识，可以多学习深度学习的相关理论知识或参加专题讲座。深度学习作为发展学生核心素养的实践途径，教师可以深入研究深度学习的基本理论和特征，并将其应用于实际教学中，有利于养成学生深度学习的习惯。

(2) 丰富个人技能，实现教学多样化。

教师要实现深度教学，促进学生的全面发展，首先要深入学习物理本体性知识，对物理核心知识进行再加工，知道物理核心知识的教学价值，实现物理知识的更新与结构化。当今是信息网络高速发展的（5G）时代，教师应合理利用互联网寻找国内外优质的教学资源，如芝加哥伯蒂维尔高中网上公开课，也可以通过网络平台收看相关的教育讲座、教学交流会等。对物理教师而言，有必要掌握一些基本软件使物理课堂教学变得生动化、多样化，例如，几何画板制作螺旋测微器、NB 物理实验室演示物理实验，对一些不好操作的实验进行模拟分析等。总之，教师要不断学习理论知识和技能知识，不断更新自己的知识库以提升自身的教学能力。

2. 立足新课标、新教材、新高考，确定深度学习目标

物理教师应根据《普通高中物理课程标准》(2017 年版) 以下简称《物理课程标准》的基本理念、课程目标和物理学科核心素养的要求，结合教学的实际情况，创造性地开展教学工作，将物理学科核心素养贯穿物理教学的各个方面。在高中物理课程实施过程中，高中物理教材作为直接的课程资源应发挥重要作用。新教材以落实立德树人根本任务为总导向，以提升学生的物理学科核心素养为总目标，是确定深度学习目标的重要载体。新高考下，招生制度和考试内容的改革也正是深度学习目标确定的总指引。总之，教师对于学习目标的设计，应以发展学生的核心素养为出发点，基于新课标、教材内容，以及学生的知识储备、思维水平和发展需求等实际情况。

3. 深度整合、结构化学习内容

(1) 深入教材，结构化学习内容。

教材是教师组织教学和设计学习活动的核心材料。教师应根据力学知识的逻辑顺序，以及学生的知识基础、能力基础和思维水平，对知识进行编

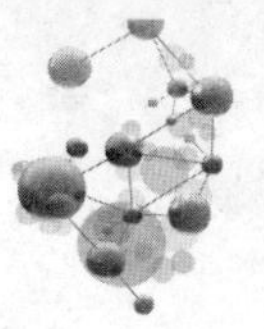

排与设计，探寻最适合学生深度学习的知识顺序。教材为适合不同地区的学生，全国各地使用的教材版本存在一定差异，因此，教师在分析物理教材时，既要纵向、横向分析教材，还要根据需要跨学科分析教材，从而整合和结构化教材内容，最大限度地挖掘知识的内在联系与教学价值。

(2) 基于单元学习主题，结构化学习内容。

深度学习提倡单元学习，单元是知识结构化的具体表现。划分单元的依据是对模块学习主题的分解，分解的单元应该既相互联系又相互独立。单元学习主题是指依据《物理课程标准》，围绕学科核心内容组织起来的，体现学科知识发展顺序、学科思想与方法，能够激发学生深度参与学习活动，发展学生核心素养的主题。单元学习主题注重知识的功能性，教师通常围绕核心主题组织学习内容和设计学习活动。在力学的教学过程中，教师应基于单元学习主题将力学知识结构化和功能化，从而进行核心知识结构化的教学。如人教版必修二第五章“抛体运动”和第六章“圆周运动”都是围绕“曲线运动”这一核心主题而展开的，分别从平抛运动和匀速圆周运动来认识曲线运动。

(3) 预习策略。

在课堂上，学生有目标地学习是提高课堂学习效率的关键，预习策略可帮助学生初步了解即将学习的内容，使学生做到心中有数，以便提前做好上课准备。以“平抛运动”一课为例，学生要在上课之前自主复习前面学过的匀变速直线运动规律以及数学上二次函数和抛物线的基本性质。另外，学生还应该通过预习找到自己的知识盲区或学习问题，然后通过课堂学习或查阅辅导资料等方式解决问题。教师可通过设计学案、课前预习单、单元任务单等来帮助学生预习新课。

(二) 课堂教学阶段的教学策略

1. 创设深度学习的情境，激发学生的学习兴趣

新课引入是教学过程中的重要环节，教师一个精彩的引入可以迅速激发学生的学习兴趣和求知欲，促使学生快速投入课堂教学。教师在课堂教学引入环节可创设能够激发学生学习兴趣和引发学生思考的实验情境，来激发学生的学习兴趣和提高学生的思维能力。例如，在设计“重力与弹力”引入

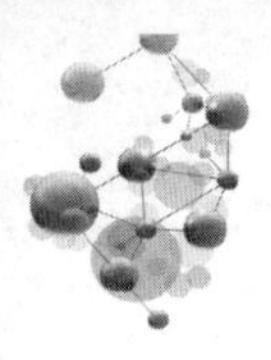

环节时，教师可以设计“男生女生靠墙挑战”。首先，让身体右侧面（尤其是脚）靠近墙面，其次，将右胳膊抬起的同时抬起左腿，发现抬不起来，一抬左腿身体就会倾倒。教师通过带领学生经过课前的积极互动，分析有趣的实验现象，激发学生的学习兴趣。

2. 开展深度学习活动，获取和深度加工知识

(1) 开展多样化的学习方式，实现高效的学习效率。

合作学习。合作是人类社会赖以生存和发展的重要动力。合作学习相对的是“个体学习”，是指学生在小组或团队中为了完成共同的任务而展开互助性学习，每一个成员在组内有明确的责任分工，最后共享学习成果。

实验探究。对于物理这种需要手、眼结合的自然学科，物理实验体现出重要的科学研究思想和方法。在学生核心素养的形成与发展过程中，物理实验的素养起到基础性作用，实验在实现物理课程的培养目标中占有非常重要的地位。高中物理力学主要由物理概念、规律和实验构成，其中，物理实验是连接物理现象与物理知识的纽带。学生亲历实验的探究过程，通过自己（或同伴合作）设计实验、观察实验、发现问题、解决问题、记录数据、分析数据、建构模型以及得出结论等环节建构对知识的理解。实验不仅能够帮助学生简要地体验知识的发现、形成过程，而且能够在培养学生观察、动手、解决问题等能力的同时帮助学生建构新知识。如在实验探究“验证动量守恒定律”这节课中，学生会在教师引导下体验“探究碰撞中的不变量”的探究过程，根据实验现象，分析、归纳、总结，得出实验结论。

混合式学习。混合式学习是在线学习与面对面学习的混合。现代科学信息技术与课堂教学的合理结合为深度学习提供了更好的方式方法，克服了空间上和时间上对深度学习活动进行的限制，有效地为学生的发展提供支持与帮助。

(2) 任务驱动，提高深度学习能力。

任务驱动学习。学生积极主动地完成教师围绕核心教学内容设计的具有挑战性的学习任务，学生通过与一系列任务的深度互动，促使学生实现核心知识的意义建构与技能的提升，并对核心知识形成新的认识与理解。任务驱动式学习强调，教师要根据学生的实际情况创设真实的任务情境，围绕学习内容精心设计一系列有层次、有挑战性的任务，让学生有解决实际问题的

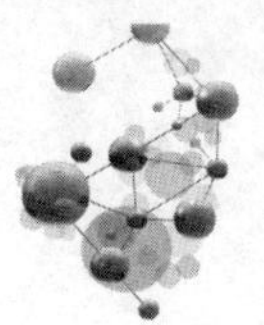

体验。优秀的学习任务可将学生带入积极的学习情境，驱动学生的学习动机，使学生在教师的引导下主动地发现问题，提出问题，分析推理，解决问题、反思以及总结，逐步完成学习任务。在这个过程中，学生通过思考，完成真实的学习任务，不断整合知识和应用知识解决问题，促使学生实现高阶思维能力的发展。

例如，在“自由落体运动”的教学片段中，我们可以通过以下问题带领学生由浅入深地学习自由落体运动。

问题 1：物体下落快慢与哪些因素有关？

问题 2：是不是重的物体一定比轻的物体下落得快？物体下落是否受到空气阻力的影响？

问题 3：如果要考虑物体下落的快慢与物重的关系怎么办（注意不能受到阻力的影响）？

问题 4：自由落体运动的条件是什么？

问题 5：自由落体运动的运动学本质是什么？

(3) 借助思维导图、概念图，构建知识体系。

课堂小结和单元总结在学生学习过程中是非常重要的一个环节，笔者通过问卷调查发现，大多数同学善于用思维导图和知识体系图对学过的知识进行总结。因此，教师在教学中需要从整体上把握物理学科知识，在深度分析学习内容和学生情况的基础上，引导学生绘制思维导图或概念图，帮助学生及时巩固学习内容，从而将碎片化的知识灵活整合、建立联系，批判性地建构知识体系。学生运用思维导图、概念图加工整合知识，不仅形象、便于记忆，还可以随时修改补充，不断完善、丰富知识体系。总之，学生通过绘制思维导图、概念图不仅可以结构化知识，还可以提高自己的知识整合能力和思维能力。

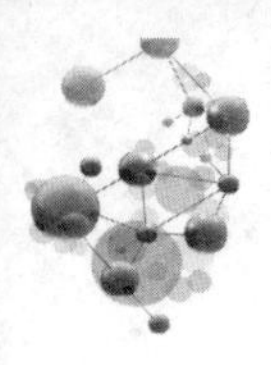

第四节　体验式教学策略在中学物理课堂教学的实践研究

一、相关概念界定及理论基础

(一) 相关概念界定

1. 体验

明确体验式教学的基本前提是要理解“体验”的含义。《现代汉语词典》将“体验”解释为:“通过实践来认识周围的事物；亲身经历。”也就是说，通过亲身经历的实践过程能够更好地理解、体会周围的事物。对于体验的阐述，主要从以下几个角度分析。从心理学角度来看，体验是一种活动方式，也是一种学习方式，是人亲身体会外界事物后的情绪、情感、领悟等自我感受，是人认识周围的一种独特的心理活动，也是人主动认识周围事物的过程。北京师范大学裴娣娜教授认为，体验是一个人对愿望、要求的感受。从哲学的角度来看，体验是一种“生命体验”方式，是主体在认知客体过程中发生的与它之间的一种特殊状态，主体把自己当作客体的一部分来获取客体的信息。从美学角度来看，体验就是个人的审美体验，是对具体的、抽象的事物的经验、感觉、领悟，从而陶醉其中的体验状态。从教育角度来看，体验是在实践中认识周围事物的一种重要活动，是主体知、情、意、行的亲身经历与验证。它是一种活动方式、一种学习方式，也是以学生为主体，通过对周围事物的感受、情感和领悟，从中产生积极情感、浓厚兴趣，将客观事物与主观意识相融合。值得注意的是，在英语中，“experience”既有体验的意思，又有经验的意思，经验与体验虽然相似，但意义是有区别的。经验是长期从事某种实践活动，在实践活动中无意识地、自然而然地对事物有了客观认识与评价，它是一种技能、一种对科学的认识。体验在经验的基础上更多强调了个体通过亲身体会有目的地对客体进行一种价值性感受、联想与领悟，从而自主构建知识体系。

2. 体验式教学

体验式教学是指教师在“体验”的理念指导下，依据物理学科教学内容的需要，结合学生已有的知识水平和认知规律，有计划、有目的地创设或虚

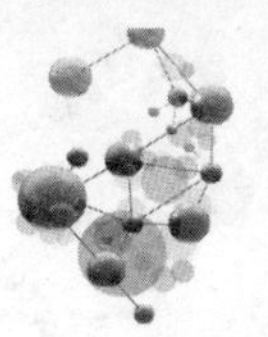

拟情境，设计教学活动，引导学生亲身体验、思考、领悟，激发学生的内心情感及学习兴趣，调动学生的积极性、主动性，让学生达到认知过程和情感体验的共鸣，是学生主动、自主、创造性地对教学内容的领悟和建构，发展学生的创新精神、科学思维、科学探究能力的一种教学方式。体验式教学以学生为主体，强调的不是学生照本宣科式的学习，而是自我体验、感悟和建构发展，使学生在教师的指导下，不断地去感受、领悟、再认识、再发现、再创造，身临其境地思考问题，让学生对抽象的物理知识、概念、规律的认识由感性上升到理性，将知识真正融入认知结构中去，内化为学生自身的观念，形成解决问题的思维方式。体验式教学不仅是让学生体验，还要求教师在整个教学过程中去体验，让教师认识到体验的重要性，实现真正的师生互动，共同构建知识体系，在学生学会知识的同时，教师也可以获得更好的专业发展。因此，体验式教学不是一种单纯的教育形态，而是一种以学生为主体、教师为主导的教学理念，它是一个从教师到学生的完备系统，参与到教学的各个方面。

3. 虚拟情境

虚拟情境是指由于某种需要或目的而人为创设的，利用视频、图片、微课、Flash 动画、虚拟现实技术进行模拟实验等方式创设情境，可以将不能做或没有时间做的实验，通过虚拟情境的方式展现给学生，突破时间和空间的限制，模拟生活中的现象、物理实验的操作，直观形象地将实验现象呈现出来，让学生观察、感受、领悟、认识、发现知识，自主构建知识体系，加深对物理知识、概念、规律的理解，提高物理学科的核心素养。

（二）教育学理论基础

1. 杜威的经验学习

美国著名教育家约翰·杜威（John Dewey，1859—1952）的教育理论最基本、最核心的概念是“经验”，他以“经验”为逻辑起点，提出了“教育即生活”、“学校即社会”、“儿童中心”以及“做中学”等教育主张。杜威认为，教学要以学生为中心，以学生经验的生长为目的，将学校里的知识与生活过程中的活动联系起来，从已有的经验出发，带领学生从游戏、活动、实践等亲身体验中“不知不觉”地解决新问题，获得新方法、新策略、新认知、新

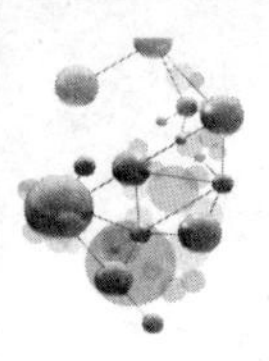

经验以及新知识。体验式教学可以根据不同学生的兴趣、需要、经验及能力状况随时调整教学情境，启发学生的想象力，使他们主动思考和反思，从而获得更多的知识。这与经验学习理论是相契合的。

2. 建构主义学习理论

建构主义最早由瑞士著名心理学家皮亚杰（J. Piaget，1896—1980）于20世纪60年代提出。在他看来，知识既不是客观的东西，也不是主观的东西，而是个体在与环境交互作用的过程中逐渐建构的结果。建构主义学习理论强调学习的主动建构性、社会互动性和情境性，他认为知识是由学生自我建构的，并不是完全依靠教师的知识传授，并且在自我建构的过程中将自身原本掌握的知识建构成一个新的知识结构，其目标在于培养学生的自主学习能力和创造能力。体验式教学是以学生原有的知识经验为基础，创设真实的物理环境或者与现实相类似的虚拟情境，让他们用心去观察、冥思、探索，在亲身体会的过程中，综合、重组、转换、改造头脑中的知识经验，构建自己的理解，形成知识结构，提高学生的学习能力。这与建构主义学习理论是相契合的。

（三）心理学理论基础

1. 布鲁纳认知结构学习理论

美国著名的教育心理学家布鲁纳（J.S.Bruner，1915—2016）主张发现学习的方式，即将学科的基本结构转变为学生头脑中的认知结构。他认为，学习的本质不是被动地形成刺激，而是主动地形成认知结构。学生不是被动的知识接受者，而是主动的知识获取者，并将新获得的知识与已有的认知结构联系起来，构建知识体系。在教学过程中，教师要把握学科的基本结构，为学生创设适当的情境，让学生自己动手、动脑获得知识，发现事物的本质、特征、规律及原理。体验式教学可以为学生创设各种情境，激发学生的好奇心和求知欲，并在情境体验活动的过程中培养学生的观察能力和推理能力，掌握探究问题的方法。这与布鲁纳认知结构学习理论是相契合的。

2. 奥苏贝尔认知同化理论

美国著名的心理学家奥苏贝尔（D.P.AuSubel，1918—2008）的认知同化理论的基本观点是学习新知识时必须以原有的认知结构为基础。学生积极主

动地把与新知识有联系的旧知识从认知结构中提取出来，并将二者相互作用，实现意义同化，进而学习新知识。奥苏贝尔认为，动机对学习有一定的影响，对于有意义学习来说，成就动机十分重要，教师要培养学生产生渴望认知知识、理解知识、掌握知识以及陈述和解决问题的倾向，增强学生产生凭借自己的才能和成就获得相应地位的愿望，并根据学习的需要适当地采取奖惩手段。体验式教学可以创设特定的学习情境，将新知识与旧知识巧妙地结合起来，使学生更容易提取旧知识，习得新知识，实现知识迁移。例如，在竖直上抛运动的教学中，为学生创设与自由落体运动教学相似的情境，使学生自己把二者联系起来，从而获得竖直上抛运动的概念、特点及规律。这与奥苏贝尔认知同化理论是相契合的。

二、高中物理体验式教学的策略研究

根据教师访谈及学生问卷的结果分析，提出了联系实际生活的体验、演示实验的直观体验、探究实验的直观体验及创设虚拟情境的体验四种教学策略。

(一) 联系实际生活的体验

物理学是一门与生活实际密切相关的科学，因此，高中物理课堂教学应该根据教学内容的需求，结合高中生的生活经验和心理认知规律，通过创设情境，挖掘物理学科的核心素养，让学生在亲历的生活体验中学习物理，构建知识结构，提高自身能力。根据党的二十大教育方针和教育思想以及《物理课程标准》，物理学科包括物理观念、科学思维、科学探究、科学态度与责任四个方面。物理概念是物理学学习与应用的基础，也是物理规律在学生头脑中提炼与升华的前提，因此，物理概念的深刻理解对其在后续的应用起到至关重要的作用。然而，物理概念是很枯燥的，为了提高学生的积极性，激发学生的好奇心和求知欲，将生活中的物理现象与课堂教学中的物理概念联系起来，促进学生的情感体验，不仅让学生体验到生活的美妙，还能提高其学习物理的效率，发展能力。联系实际生活的体验需要载体，那就是情境，没有情境的学习是一种机械的陈述性学习。创设情境，关注学情，发挥学生的主体性，很容易引起学生的心智活动和知识理解的共鸣，尤其是对

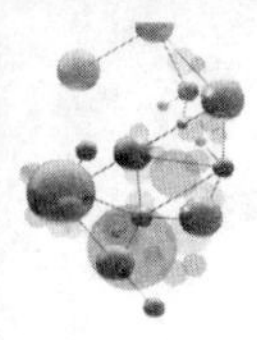

于物理概念的理解。

联系实际生活的体验策略主要包括课前和课中两方面。在课前预习阶段，教师根据教学内容抛砖引玉，提前布置与下节课内容相关的生活现象的任务，学生一方面根据教师提出的日常生活的现象进行分析，另一方面对日常生活的现象进行思考，从中深刻理解物理概念。学生不仅对学习物理产生了兴趣，做好接受新知识的准备、预习，而且学生感受到物理学习有用，能够和实际生活相结合，更主要的是培养学生理论联系实际的能力。在课堂上，根据教学目标，教师借助课前布置的任务，结合生活中的图片或视频的形式讲授新知进行教学，加深学生对物理概念的理解，使其养成自觉观察生活、关注身边的物理的习惯。

以将要学习的物理概念为依据，从实际生活的角度出发，将二者结合起来创设教学情境，不仅贴近了物理学科的特点，还使学生对物理概念的理解更容易、更深刻。在实际实施时，不一定每节课的课前都要布置生活体验任务，也不一定在每节课的课堂上都要联系实际生活，可以根据每节课的特点，在每一章中选取适合的内容进行联系实际生活的体验。充分体现了物理来源于生活，又服务于生活，因为生活中的现象能用物理解释。

(二) 演示实验的直观体验

物理学是一门以实验为基础的学科。实验不仅是教学内容的一部分，也是一种重要的研究方法。演示实验的直观体验是在实验的过程中启发学生的思维，从问题的本质入手，从结论中寻找思路，从而促进学生对物理概念的理解，对物理规律的验证，提高学生的科学素养，启发学生的创新精神。

演示实验的直观体验教学是为了解决教学目标中教材的某一问题或为了掌握推理某一物理现象以及某一物理规律而使学生得到明确的深刻的印象，因此一个演示实验应内容精练，主次分明，重点突出，主题鲜明，并且尽可能在短时间内完成，包括教材上的演示实验，教师根据教学内容、教学目标设计的实验。

演示实验是学生通过视觉来接收信息，在高中物理教学中，通过直观化的演示实验，一方面可以使课堂教学更加形象，另一方面可以使抽象的物理概念、物理规律以动态的可视化的方式展现出来，紧扣教学内容，有的放

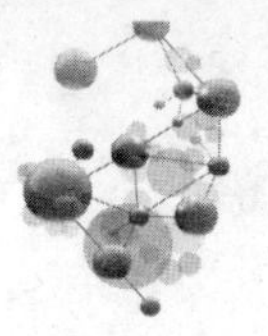

矢，这样更加有利于学生通过对实验的观察和思考来学习物理知识，体现以学生为中心、以学生为主体的教学理念。演示实验应尽量做到具有启发性，学生通过观察可以培养学生的发散思维能力。

演示实验教学是学生学习物理最有效的途径，科学性强，教师在做演示实验时做到演示和讲授紧密结合，环环相扣，教师可以借助一定的实验仪器为学生演示，引导学生在实验过程中观察实验过程，描述实验现象，分析、思考实验原理，从而得出结论、获取知识，是学生提高自主学习能力的重要方式。教师也可以借助一些简单的材料和工具自己制作教具为学生演示，当学生看到用身边常见的材料做成的实验教具，会感到物理其实离自己很近，不似想象中那么高深莫测，容易克服学生对物理的畏难情绪，使学生喜欢学习物理，而且简单的实验教具方便学生自己尝试制作，观察实验现象，验证实验结论。

(三) 探究实验的直观体验

高中物理探究实验教学体验是教师在实验过程中以培养学生物理观念、实验能力、探究思维发展为教学目标，帮助学生深入理解物理知识，具有很强的逻辑性和科学性。教师利用一定的电子技术等设计探究实验仪器和环境，促使学生完成实验探究操作，学生在探究过程中积极探索物理规律以及解决问题的思路和方法，鼓励学生大胆地预测和判断，优化实验装置，不断提高学生的逻辑思维能力和创新思维能力，切实帮助学生深刻领悟、掌握物理科学知识。

探究实验体验对学生实验动手能力进行培养，通过研究实验能观察到实验现象的本质，深刻理解实验目的，学会分析推理的方法，获得正确的概念，效果显著，更有说服力。

探究实验体验是以学生为中心，学生根据教师教学内容，亲身去探究和体验，进行定量探究，获取对应的知识。教师指导学生利用仪器设备，让学生独立完成实验，提高学生的动手能力，发散学生思维，培养学生的自主研究能力，提高学生的自我效能感；也可以将 3 个或 5 个学生分为一组，组内成员团结合作，交流讨论观点，扬长避短，观察实验现象，分析处理实验数据，总结实验结论，归纳实验过程中的注意事项，在培养学生观察能力和

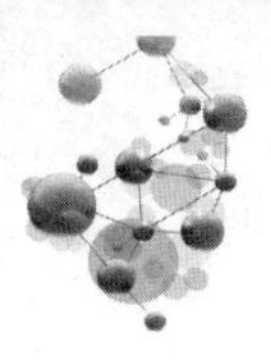

思考能力的同时，锻炼学生的团结协作能力；在学到物理知识的同时，提高了核心素养。让学生的实验技能、操作技能、探究能力、观察能力、分析和概括问题等能力得到全面提升。

（四）创设虚拟情境的体验

随着计算机电子信息技术的飞速发展，电子计算机信息技术与物理课程教学相结合，甚至是深度融合已经成为未来教育的发展方向。传统的物理教学中关于电磁场、原子物理等内容生活中接触不到，比较抽象，演示实验探究实验也有很多的局限性，比如，实验仪器设备遗失或损坏、外部环境对实验的干扰、时间的限制、不可操作控制的研究对象（如天体问题）等，针对上述类似问题可以采用创设虚拟情境的方式体验，即结合教学内容采用Flash 动画等虚拟仿真软件或者借助 DISlab 软件模拟实验等方式为学生创造体验，成为高中物理教学的有效补充，改变了传统物理的教学困境。

1. Flash 动画体验

Flash 动画体验是将各种图片、文字、线条、图形、按钮等拼合在一起，采用“帧”的形式在时间轴上产生连续变化的动画效果，配合脚本和按钮控制动画的播放、停止，最终将动画效果展示给学生。将抽象的内容形象化，复杂的内容简单化，有难度的内容容易化，在轻松良好的课堂教学气氛中促进学生更加快速、清晰、有效率地学习物理知识。

2. DISlab 体验

DISlab 体验是将传感器、数据采集器、计算机、部分传统实验仪器组合起来，共同完成实验操作，并通过计算机上直观的数据、图像分析实验结果，得出实验结论。DISlab 中有各种类型的传感器，它既能提高实验中各个物理量的精确度，减小实验误差，还能将传统实验中不易测量的物理量，借助公式编辑器，采用转换的方式，将传感器测得的相关物理量转换成实际想要测量的物理量。实验中的数据处理比较简单、直接，可以直接拟合成图像进行分析，得到被测物理量之间的关系，也可以将不同物理量进行组合，使其在同一图表上显示出来，从而发现这些物理量之间的规律。当实验现象或实验数据的变化很微小时，可以先进行适当的放大，再进行分析。这种虚拟仿真体验有利于强化学生的形象思维，使学生对实验的认识更清晰，理解更深刻。

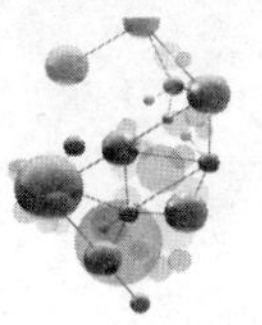

3. 虚实结合的体验

虚拟情境可以为学生排除各种外在的干扰因素，使学生更容易观察、分析物理现象，得出结论，但也易于形成思维定式。真实的实验可以让学生自己动手尝试，自主体验，使学生对所学知识理解得更清晰、掌握得更透彻，但容易受外在因素限制。若将虚拟和现实紧密结合起来，使它们相互配合、相互补充，不仅能形成良好的课堂教学氛围，还能激发学生对物理知识的好奇和积极探究的心理，进而主动进行深入体验，使学生的心理机能得到一定的发展，最终达成教师设定的教学目标。

第五节　互联网背景下中学物理课堂教学策略的创新实践研究

社会的进步与发展和科学技术有着直接关系，信息技术的发展不仅影响了其他领域和行业，还给教育事业带来了前所未有的变革。“互联网 +”在高中物理教育当中的不断渗透，不仅给高中物理教学拓展了丰富的教学资源，还提供了更多的教学可能，但是要想使互联网技术的优势能够被充分发挥，需要多方力量一起努力，需要学校、教师、学生的共同努力，建立起沟通、合作的渠道，才能真正让物理教学在“互联网 +”环境下高效开展，提升高中生的学科核心素养。

一、应用互联网技术加强师生之间的交流互动

互联网的广泛应用成为各个领域实现创新和发展的重要因素。在教育事业当中，把互联网充分融入教学当中，能发挥出非常有效的作用。首先，互联网发展促进了通信技术的进步，拓宽了师生之间交流互动的渠道，教师通过布置课前学习任务，能够收集到学生的预习成果，教师能够在第一时间发现学生在学习过程中遇到的问题，以此为课堂教学做参考依据。其次，在课堂教学过程中，教师能够依据互联网拓展多种多样的教学方法，营造活跃、和谐的课堂教学氛围，激发学生学习的主观能动性。最后，在课后阶段，互联网技术能够建立师生之间不限时间和地点的交流渠道，为师生之间

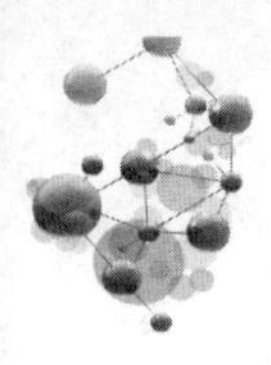

的答疑解惑提供捷径。总体来说，互联网无论在教学的哪一个阶段都展现出了非常明显的应用效果，对推动教育事业的发展发挥了积极作用。在传统的高中物理教学中，教师和学生的交流一般都局限在课堂之上，课前和课后几乎是零沟通的。如果是课前环节缺少了有效的沟通，那么教师就无法掌握学生心中的疑惑，自然也就难以做到帮助学生答疑解惑。如果是课后环节缺少了沟通，那么教师很难发现学生在学习过程中遇到的困难，也难以提升教学水平。众所周知，高中物理的学习难度较大，充分考验了学生的逻辑思维和抽象思维，这样一门纯理科科目是非常需要师生之间的有效沟通的，但是在实际的高中物理教学课堂上，师生之间沟通的缺乏直接限制了高中物理教学效果。

在新时期，科技发展越来越迅速，各种各样的移动终端也出现在了人们的生活当中，为人们跨时空的交流合作提供了更多的可能，即使人们相隔两地，也能实时地进行交流和互动，信息传播速度和效率大大提升。在这样的时代背景下，传统高中物理教学模式是一定会受到互联网的冲击的，在新课程改革的背景下，教育工作者也充分认识到了信息技术的重要性，加深了对学生认知水平的理解，能够更加有效地开展课堂教学，通过“互联网＋”的技术手段使物理课堂更具高效性和针对性。

二、引入微课教学

微课是互联网技术不断发展中出现的一种新型教育资源，也可以理解为微视频的另一种表现形式，不仅更加适应人们当今碎片化的生活方式和学习方式，还具备着方便快捷、信息资源广泛、短小精悍等特点。在“互联网＋”的时代背景下，高中物理教师应该充分把微课融入教学当中，让微课和课堂融为一体，这也是促进高中物理教学改革的主要途径。例如，在讲解“能量守恒定律”这一章节的知识时，教师需要了解本节点的主要教学目标，也就是让学生清楚不同形式的能量是可以实现互相转化的，并且在转化的过程当中能量的总量不会发生任何变化。其中，教学难点和重点体现在能量之间的转化与总量始终保持不变这两个点上。因此，在微课的制作过程中，也应该始终围绕着这两个重难点来展开。需要注意的是，教师需要充分考虑到高中生的物理知识储备量以及理解认知水平，微课的时长最好控制在 8~10

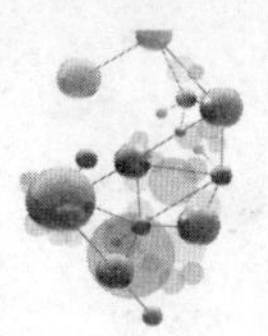

分钟。微课视频的前半段主题可以为“能量之间的转化”，并且上传至相关的教学网站中，在教学开展之前，教师要引导学生学会应用信息技术进行学习资源的探索，随后让学生在网站中找到由教师制作的相关视频进行观看，在整个环节中，学生能在正课开始之前的预习阶段了解质量守恒定律的初步概念，有了这样的基础，学生能够在课堂上与教师、同学展开高效的互动，提高高中物理教学效果。同时，微课作为一种特殊的教学资源，学生能够在课后反复观看微课中的知识内容，不断完善自身的知识结构，对能量守恒定律有更加深入的认识。总的来说，“互联网 +”能够为高中物理教学提供更多的教学资源，在教师的不断引领下，学生如果能够利用互联网中的学习资源开展主动学习，那么必定能提升自身的综合能力，实现学科素养的发展。

三、开展模拟实验教学

理科学科的学习是一定离不开实验的支撑的，特别是高难度的高中物理知识，实验是教学体系中的重要组成部分。但是我们在高中物理教学过程中往往会发现，实验教学是非常缺乏的，这是由各种内部、外部因素导致的，最终造成学生对物理知识的理解一直停留在理论阶段，不仅无法构建出完整的物理知识结构，也无法把书本上的知识内容应用到实践中去。互联网在融入教育事业之后，带来最明显的改变是使教学资源得到了极大程度上的丰富，互联网让教师、学生都能成为知识数据的上传者和下载者，充分利用互联网教学资源能够进一步提高高中物理教学效果和教学质量。高中物理难就难在需要实验验证的内容非常多，但是在高考的巨大压力下，教师往往会忽略实验教学，希望用节省下来的时间为学生传授更多能够提升考试成绩的理论知识，导致高中物理教学普遍存在轻实践、重理论的现象。但是在“互联网 +”的时代背景下，网络中的教学资源能够为学生和教师搭建虚拟的实验平台，解决高中物理实验迟迟不能高效开展的问题，让高中物理体系更加完善。例如，在高中物理中有一个非常经典的实验，“弹力和弹簧伸长关系”，实验中需要的对照是非常多的，实验过程中需要不断测量弹簧的总长度以及拉力的对应值，如果在物理课堂上开展试验，那么会浪费大量的课堂时间，还难以达到良好的教学效果。因此，教师可以利用网络视频的方式向学生展示一个完整的实验过程，从而提升课堂教学效率。

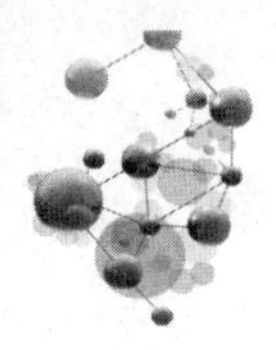

四、创设物理教学情境

相比上述提到的互联网优化教学模式来说，多媒体技术在我国教育体系当中应用的时间更加长久，应用范围也比较广泛，并且在应用过程中取得了非常理想的教学效果。对于高中物理教师来说，利用多媒体开展教学已经是非常普遍的现象，但是如何在“互联网 +”的背景下让多媒体教学发挥更好的作用，成为物理教师必须思考的问题。提升多媒体教学效果最有效的方式是创设相关的情境，例如，在“行星的运动”这一章的教学过程中，教师可以充分借助多媒体多样性、直观性的特点，为学生创设多样的教学情境。首先，教师在教学之前可以为学生播放一些不同行星运动的纪录片，这些纪录片制作精美、信息准确，能迅速集中学生分散的注意力，让学生的目光和注意力始终都集中到课堂上。其次，教师打开制作的 PPT，通过图片、文字结合的方式，提升学生对行星运动方式的认知能力。当然，行星的运动方式只是给后续万有引力的知识做铺垫，万有引力是高中物理中非常重要的一个知识点，这部分知识点虽然难度不大，但是经常以变换的方式出现在各类物理题当中，因此，教师应该在课堂中加强学生对万有引力知识的综合运用能力，利用 PPT 分解相关习题，让学生进一步认识万有引力知识在不同习题中的应用方式，帮助学生巩固万有引力知识的同时，减轻学生后续学习相关知识的压力。

第五章　中学物理课堂教学评价实践研究

第一节　中学物理教学形成性评价

在教学中，教学评价是必不可少的一个环节，它不单单是对课堂教学进行评定，更重要的是根据教学评价得到的反馈信息及时调整教学，进而提高教学质量。而传统的教学评价更加注重结果的评价，关注学生的学业成绩，这就与教学目标相违背。

一、物理教学评价的现状

现阶段，我国物理教学评价暴露出许多问题，主要有以下几个方面。

(1) 评价目的功利化。传统的评价过于注重区分等级，这不仅不利于学生的发展，对教学的改进也很不利。教学评价的目的是促进学生的发展，立足于学生的现在，放眼未来。

(2) 评价主体单一。在以往的教学评价中，教师占主导地位，这种仅以一种视角对学生的评判是不全面的。多主体的评价可以在一定程度上克服单一主体评价时的主观性，能够多侧面、多角度地评价学生，补充教师对学习评价的不足。

(3) 教学评价内容窄化。对学生的考查更加注重知识掌握，学生升学考试仅仅考查课本知识，这就大大地窄化了教学内容，错误地解读了课程目标，对学生的评价仅仅停留在知识层面，而知识的应用、技能的操作以及科学态度的培养也应引起重视。

(4) 评价方式与实施手段不合理。现在的教学目标要求我们，不仅要考查学生的知识与技能方面，还要重视过程与方法以及情感态度方面的培养，而传统的评价已满足不了这些要求。

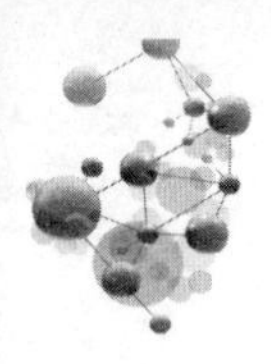

二、形成性评价在教学中的作用

(一)激发学生的学习兴趣，促使学生建立自信心

物理知识较难理解，也不易应用，而大多数学生也有所耳闻，产生畏惧。形成性评价能够很好地激发学生的学习兴趣，教师通过口头表扬以及作业批改时的评语可以给予学生更多的鼓励，通过阶段性的反馈信息，例如，课下的作业，包括对知识的巩固、资料的查找以及课下小实验等，学生能看到自己的进步，增强自信心，调动积极性，同时，学生也可以通过自评总结自身。

(二)提供反馈信息，完善教学，提高教学效率

形成性评价不是紧跟教学后面的独立环节，在整个教学过程中，形成性评价都是存在的，这就体现了形成性评价的一个最重要特点———即时性，我们可以通过形成性评价得到的反馈信息挖掘教师教学和学生学习中存在的问题，及时调整教学。

(三)培养学生的自主学习能力，促进学生的全面发展

传统评价过于功利，更加强调甄别与区分等级，而形成性评价注重突出学生的主体地位，培养学生自主学习的能力以及团队协作的能力，它既考查学生的知识储备，也注重知识的应用，联系生活与社会，解释各种现象。在日常教学中，教师可以通过提问的方式了解学生的思维过程以及方法的应用，找出问题所在，对症下药。

三、物理教学中形成性评价的实施策略

物理教学中实施形成性评价除了要严格按照教学目标的要求外，还要注意开放式教学与分层教学两方面，在具体的教学中，要注重激发学生的学习动机和学习兴趣，突出学生的主体地位，让学生有更多的决定权，鼓励创新，凸显个性，勇于探究。同时，对不同水平的学生，包括知识储备、学习能力、思维方式、学习习惯等要分层对待，使评价面向每一个学生，促使每一个学生都能在自己已有的高度上继续发展。

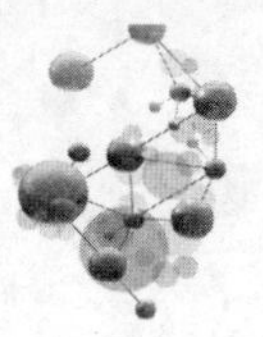

物理教学形成性评价的实施策略主要有以下几种。

（一）课堂提问

物理课堂是实施形成性评价的中心场所，在物理课堂中，教师可以根据学生的反应或是回答得到及时有效的反馈信息，通过问答的形式不仅可以引导学生思维的拓展，也可以通过学生的回答了解其思维的漏洞，进行及时有效的修正与补充。

（二）小组讨论

小组讨论是学生之间交流学习的主要途径，每个学生的思维起点与高度有所差别，其思维方式也是不尽相同的，通过学生间的交流，感受其他同学的思维过程，进行组内相互评价，交换意见，总结他人的优势来填补自身学习的缺陷。

（三）测验

形成性评价并没有完全排斥传统评价中对学生知识学习的检验，通过测验，可以检验学生对知识的掌握情况。值得注意的是，测验可以是分层的，针对不同水平的学生进行不同难度知识点的考查，促进学生在自己已有的基础上向更高层次进步。

（四）物理实验

众所周知，物理是一门以实验为基础的学科，实验不仅要考查学生的实验操作，还包括实验仪器的维护与摆放、仪器的选择、数据的分析与整理等，培养学生严谨的科学态度和一丝不苟的工作精神。各个小组认真实验，团结协作，教师积极指导与指正，不仅培养学生的动手操作能力，还注重学生科学学习的方法和科学态度的养成。

（五）作业

作业是对教师课堂教学的积极补充，可以针对本节课的内容巩固提高，也可以为下节课的学习做准备。作业既可以是书本上的内容，还可以涉及许

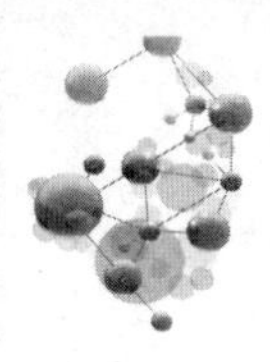

多实践内容。

总之，形成性评价是一种更适应时代、对学生更有利的评价方式，它可以使学生在评价中不断体验进步与成功，增强自信，认识自我，让教师在评价中获得有效的反馈信息，对教学进行调整与改进，促进教师专业水平与教学水平的不断提升，促使学校改进教学管理，使教学不断向前发展。值得注意的是，对形成性评价的肯定并不意味着要摒弃总结性评价，在实际教学中要注意这两种评价方式的结合。

第二节　中学物理教学表现性评价实践研究

一、表现性评价的概念

在20世纪90年代的美国，表现性评价被一些专家学者提了出来。但是直到如今，表现性评价在全世界范围内也并没有一个公认的界定。不同国家对表现性评价的定义也有各自的理解，美国教育技术评价处将表现性评价定义为要求学生创造答案或成品来展示他们的所知、所能。中国教育部将表现性评价定义为教师创造一个真实或模拟的生活环境，让学生在这个环境中运用已掌握的知识解决实际问题的能力，以考查学生在问题解决、交流合作和批判性思维等多种高层次能力的发展水平。

在萨克斯（G.Sax）看来，表现性评价的一个重要特点不是强调回答问题的能力，而是强调执行任务的能力。他认为，纸笔测验并不是在任何情况下都适用。举例来说，音乐、英语教师要考查学生唱歌水平或者是英语交流能力时，可以通过倾听学生唱歌或者是与学生用英语对话，在这个过程中来观察学生在这种情况下的表现。这时对学生的评定就可以使用表现性评价的方式。

在哈特（D.Hart）看来，表现性评价是在学生的表现及既定的标准之上进行的系统的观察与评价。

我国著名学者、华东师范大学终身教授钟启泉则认为，所谓“表现”，是指通过行为动作或者是语言等表达自己的认识和感受。

通过对以上资料的分析可以发现，表现性评价要贴近生活，评价的是

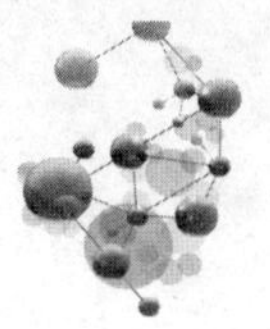

学生高阶的能力。因此，本节将表现性评价界定为确定好评价标准之后，再按照设计的评价标准去评价学生在实际任务中的表现。

二、表现性评价的应用原则与策略

(一) 表现性任务的应用原则

结合表现性评价的特征以及现存问题，在表现性评价相关理论的指导下，笔者将表现性评价的应用原则做了以下四个方面的总结。

1. 发展性原则

斯蒂金斯表示，“当把评价用作教学工具时，评价就能推动学生的学习”。由此可知，在教学过程中同时进行评价，可以带动学生主动学习，而表现性评价正好符合这一特点。在表现性评价中，学生有选择任务类型的权利，有选择如何回答问题的权利，这样，为了能完成他们选择的任务，学生就会主动学习新知识，要想达到这个目的，他们就能对自己的行为进行预测。因为“如果在外界提供的帮助有限的情况下，独自完成了任务，学生就会获得成就感”，在这个过程中，学生锻炼了能力，学到了更多的知识，自身也获得了进步。

2. 全面性原则

在表现性任务的设计上，各种思维技能我们都要清楚地了解，并在此基础之上，以多学科知识的综合运用为纽带，将评价的内容与技能联系起来。不但要有考查学生多种技能的终结性评价，还要有考查学生行为表现的过程性评价；既要有考查学生知识水平与实验技能方面的评价，又要有考查学生科学态度、社会责任等非认知领域的评价。由此，全面性原则包括这三个方面：一是强调多个学科知识的综合运用；二是评估学生在完成评价任务过程中的思维策略；三是评价学生多方面的能力，如实验操作能力、合作能力等。

3. 明确性原则

如果评价的目的与要求不确定，教师对学生的评价就很难做到准确客观。因此，在开发表现性任务时，一定要明确评价任务和评价目的一定要有很强的关联性。因此，在开发表现性任务时，教师关注的目光始终要放在评价的目的上，尽可能不要被干扰。在评价要求上，教师应该将评价任务用尽

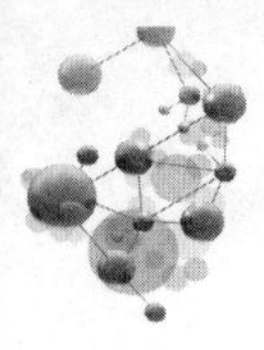

量简单的语句描述清楚，要说明完成任务应该往哪方面思考，任务的描述和指导语的制定需要根据学生的学习水平而定。

4. 过程性原则

学生完成评价任务的过程及完成任务得到的成果都是表现性评价所重视的，这是它与传统纸笔测验的一个最大不同。因此，教师在表现性任务的设计过程中要凸显过程性原则。“我们在对学生做出评价时，可以尽可能少地间接推断，而是对学生的学习成果、设计的方案及应变能力等进行评价。”

表现性评价提倡学生采用多种方法完成任务，如实验过程、表达任务结果的方法等，以及说明这么做的原因，即不仅要记录学生在任务中做了什么，还要记录学生是怎样完成任务的。

(二) 表现性评价的应用策略

在表现性评价设计原则的指导下，针对调查与分析发现的在物理实验教学中的问题，即评价没有达到想要的效果、评价没有明确的标准、评价主体单一、评价不够具体、师生都期望新的评价方式。结合表现性评价的特征，从以下四个方面探讨表现性评价的设计对策。

1. 评价目标要具体

《物理课程标准》虽然对物理实验教学提出了一系列的要求，对学生应达到的水平做了明确的划分，但是在实际的实验教学活动中《物理课程标准》的要求并没有真正落到实处，评价目标不够具体是一个很大的原因。

在着手设计具体的表现性评价任务之前，首先，我们必须知道我们为什么要实施这个评价——谁将使用这个评价，以及如何使用；让学生完成任务是为了对学生的学习进行评价，还是为了促进学生的学习，或者兼而有之。其次，我们需要对《物理课程标准》在物理实验方面的要求有一个全方位的了解。最后，评价目标的制定要以《物理课程标准》为根据。

对于高中生来说，以“实验：用打点计时器测速度”为例，分析教材发现，本次实验重点是让学生了解两种打点计时器，学会仪器的使用以及如何对纸带进行数据处理。根据实际情况确定要考查的要素有：进行实验与收集数据、分析与论证。因此，本次实验的评价目标为：①了解两种打点计时器的构造及工作机制；②学会打点计时器的安装及使用；③以纸带上的点迹为

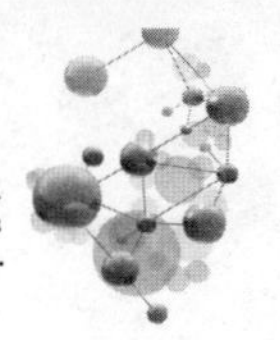

依据，求平均速度，领会用一段时间的平均速度来充当某点瞬时速度蕴含的科学思想，并且能依据这种思想计算纸带上某点的瞬时速度；④能基于得到的数据画出 v-t 图像，并能依据画出的图像用自己的语言描述物体运动情况。在这些评价目标中，不仅有对学生多学科知识（如处理数据的能力、画图的能力等）的考查，还有对学生在解决问题时的思考方式及口头表达能力的评价。

2. 评价内容要明确

确定评价内容仅凭教师个人经验而定或每次都面面俱到，这种做法是不可取的。评价内容没有经过系统科学的论证，那么依据非权威的评价内容去评价学生，得出的结论必将存在缺陷。因而教师要根据相应的《物理课程标准》将评价目标进行细分，依据细分的评价目标来确定评价的内容，并研究其可行性。评价内容敲定后，教师还需要将评价目标转换为可见的学生具体的行为表现，这样才能使评价顺利进行。同时，我们还要对任务指导语的表述进行仔细的推敲。指导语要表述清楚学生要完成哪些事情以及完成这些事情的注意事项。

例如，在伏安法测电阻的实验中，评价目标确立后，教师就可以将评价内容确定为评价学生进行实验与收集数据的能力，而对于用打点计时器测速度的实验，由于学生智力水平的发展，教师可以对高中生提出更高的要求，因此，可以将评价内容确定为评价学生进行实验与收集数据的能力、分析与论证的能力。

3. 评价标准要确定

在传统的物理实验教学中，对于学生在实验教学中的表现水平没有一个明确的评价，客观上由于目前大部分班级的学生人数太多，教师对于实验过程没有一个明确的评价学生的标准，教师更多的是关注学生的实验结果，单纯依靠个人经验来发现学生存在的问题，因此，要想对学生有一个清晰全面的了解必须有明确的评价标准，评价标准往往以评分规则的形式出现。评分规则可以分为整体型评分规则和分析型评分规则。

（1）整体型评分规则。整体型评分规则描述了每一个等级水平该有的表现，这些表现通常是从不同维度来呈现的。当要对整体表现做一个判断或被评价的技能或成果较简单时，整体型评分规则更有优势。因为不同学生会由

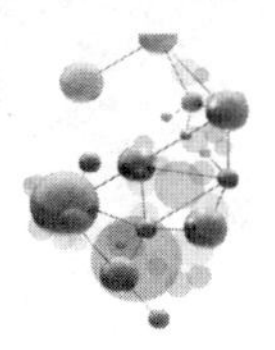

于不同原因得到一样的分数，所以提供的反馈有限且不能准确反映学生的优缺点。

（2）分析型评分规则。分析型评分规则是分维度评价学生表现的工具，即将所要评价的表现分成不同维度，然后分别给出目标，以及确定等级的不同标准。分析型评分规则最大的好处是将目标具体化，让学生知道高质量的产品或表现的属性，而且运用评分规则来评价有助于给出更详细具体的反馈，对教师的教学调整和学生的学习调整都非常有用。但其缺点也很明显，即无论是建构评价规则，还是进行评分，都是非常费时费事的。

在制定整体型评分规则时有一个小技巧，我们可以先描述学生行为的顶级表现，然后圈出顶级表现中可以改变的词，再改变这些词以表达不同的程度，也可以让学生参与制定。如在打点计时器的操作上，可以请一名操作规范的同学和一名操作不好的同学，让学生观察并比较两名同学的操作规范程度，对优秀的实验操作所应具备的特征达成一致意见，教师就可以依据这些特征确定评分规则。学生参与制定评分规则，自然也就对评分规则有一个更全面的认识，对接下来的实验也就有更清晰的认识。

在制定评价标准时，教师应该注意到初、高中学生的差异，在评价学生时应该有侧重点的不同。同时，我们还应该考虑将评分标准分为几条的问题，若在实际应用中将标准分得很细，虽然能更精确地评价学生，但是增加了教师和学生的负担，提高了评价的难度；评价标准细分得太少，又达不到评价学生的效果。因此，每个评价要素一般细分为 4 ~ 6 个观测点为宜，教师也可以根据实际情况具体斟酌。

4. 多次修改与完善

许多刚设计完成看起来很好的任务和评价工具都可能是不成功的，所以进行任务试验是非常重要的，否则，当你用评分规则对学生的表现进行评分时，错误就会变得尤其明显，但在此时“修改”任务就已经太晚了。因此，在使用评价任务之前，可以让其他教师帮忙检查或修改设计好的表现性任务。另外，在使用完一个评价任务之后，还可以根据在任务中发现的问题及时对任务进行修改与完善，之后在下次新的班级中重新运用修改后的表现性任务，这个过程可以多次进行，不断完善任务的质量。

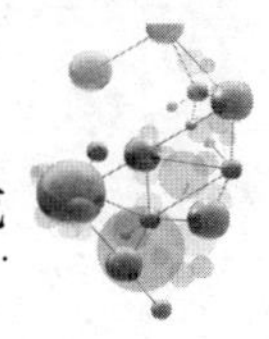

三、表现性评价在中学物理实验教学中的实践

(一) 选取与应用评价工具

在讨论了表现性评价设计原则与对策之后，教师还要考虑如何进行评价，即要选择和采用何种工具得到与评价有关的资料。下面将对本节应用的评价工具做一个简单的介绍。

1. 问题作答工具

问题作答是开放式问卷的一种形式，这类问卷提出的问题不列标准答案，由调查对象自由描述，用以了解学生面对具体问题时的真实想法，以学生的自我评价为主。目的有两个：一是摸清学生在进行实验之前的准备情况，二是提高在面对问题时学生的应对能力。

在实施问题作答之前，首先，教师要让学生知道设计问题作答的目的及意义，并保证学生会真实地回答这些问题；其次，问题回答的方式应尽可能简单，应尽量避免让学生回答难以作答的问题；最后，如果提的问题比较敏感，最好设法间接提问。

2. 行为核查表

核查表（check form）在这三种常见的评价工具中是相对简单的，适合于对简单的表现或成果的评价。核查表一般由两部分组成：一是对行为或者成果的描述，二是记录是否有判断的地方。

有关学生行为的判断可以由行为核查表得出，教师通过行为核查表可以掌握学生有待改进的地方在哪些方面，使教师对学生的学习情况有一个明确了解。经过几次记录后，教师可以发现学生改变的情况。

3. 轶事记录表

轶事记录（anecdote record）是一种教师对观察的有意义的事件和片段进行事实性的描述的工具。它最大的优点是能把日常观察转换为文字语言记录下来，便于教师随时查看；缺点是记录比较费时，并且容易受教师主观期望影响。在使用轶事记录表时，应注意以下几点。

(1) 记录的重点应该是其他评价方法不能很好评价的行为上，尤其要留心那些在自然环境下有争议的行为。同时，这些行为表现的信息无法被其他

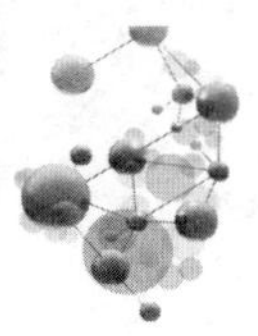

方法收集。

(2) 记录使用的语言应该简练，尽量少使用概括性的语言。

(3) 记录应该包括对解释学生的表现有用的描述。

(4) 要将对事件的客观描述和对事件的解释区分开。

对理解学生在物理实验中的行为表现来说，单独某一件事并没有特别重大的意义，但是随着时间的延长，轶事记录表的作用就体现出来了。如果一直关注的是学生的某一类行为，我们就可以从中发现某种规律。

4. PTA 量表

PTA 的意思是：基本要素分析。该量表是一种对于学生作业，尤其是开放性作业的评分工具。学生的多种行为表现可以通过该量表确立的评分标准来进行评价。该理论认为，只要是学生的行为表现，都会蕴含许多具体的要素，学生学习的最小组成单位就由这些具体的要素构成，我们只要准确评价学生在这些最小组成单位上的表现，完成任务时我们就能客观评价学生在宏观上的表现。

PTA 量表在物理课程中的设计步骤如下。

(1) 根据《物理课程标准》的要求和现有条件确定评价要素。

(2) 用不同表现等级划分每一个评价要素，用以区分不同表现水平的学生。根据实验教学的实际情况，通常是将评价要素划分 3 ~ 6 个等级。每个表现等级之间界限要清晰，不能有歧义。

(3) 每个要素要确定评分权重。设计科学的 PTA 量表不但能使学生得到教师客观具体的评价，还可以让学生将自己在实验过程中的行为表现与具体的评价标准做对比，清楚自己的表现与标准之间到底有哪些差距，有针对性地进行调整。

有些问题在编制 PTA 量表时，教师是需要注意的。第一，制定的量表并不是一成不变的，可以根据学校实际情况和学生水平进行适当的修改，并且还要在教学实践中进一步完善。第二，科学探究的 7 个要素要突出重点，通常在一次实验中可以只关注 1 ~ 2 个要素，将这些要素落到实处。第三，表现性评价一般采用以下两种评分规则：一是将评价要素划分成几个相互独立的评分标准，并对每个要素由高水平到低水平的标准进行详细的描述，这是分析型评分规则；二是从全局的角度观察学生的行为与表现，给学生的表

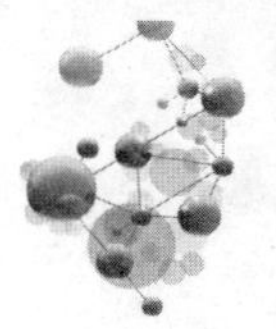

现给出总体的评分或等级，对个别因素不需要评价者做细致的思量，具有高度的概括性，这是整体型评分规则。

第三节　中学物理教学多元化发展性学生评价实践研究

一、多元化发展性学生评价的内涵

学生评价是根据一定的评价标准，运用一定的评价方法对学生的行为给予及时有效的指导，是对学生学习进展与行为变化的及时反馈。学生评价是教育评价机制中最重要的组成部分，它既包括知识掌握程度的评价，还包括对学生思维、能力、情感、态度、个性特点、兴趣、爱好、心理情感等各方面的评价。学生评价的主要类型有教师评价、小组评价、同伴评价、定位评价、形成性评价、诊断性评价和终结性评价等，这些评价对教学过程能起到非常大的激励促进作用。适时适度的评价有助于教师对学生学习的起点进行了解，从而正确地确定教学目标；有助于教师了解教学中存在的问题，修正教学计划或者改进教学计划；有助于教师弄清学生的学习情况，协助学生找出亟待解决的问题；有助于学生进行自我反思、自我发展，增强学习的动力，激发学习兴趣，促进学生的发展。

多元化发展性学生评价认为，学生的能力是多种多样的，应该从多方面、多角度反映学生的学习与发展情况，重视学生发展的可塑性，尊重学生发展的差异性与无限性，充分发挥学生多方面的潜能，通过多元化发展性评价工具，使学生对自己科学定位，在评价的过程中树立自信心，从而实现学生评价目的真正意义上的回归。

（一）评价内容多元化

物理学科的学生评价内容要多元化，要从知识与技能、过程与方法、情感态度与价值观三个方面进行评价，要对不同的学生因材施教，使所有学生都能通过评价反馈得到激励和成就感，从而让所有学生都能够得到个性化发展，都能够健康快乐地学习。

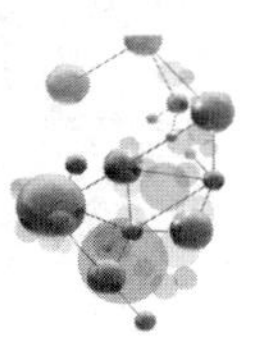

1. 知识与技能的评价

对学生知识与技能的评价，不仅要按照《物理课程标准》评价学生的知识技能是否掌握，更要关注学生在获取知识技能过程中的各种具体表现。在进行评价时，教师要关注学生对知识的理解和应用，关注学生技能的提高，要探索并设计各种有利于学生思维发展和能力提高，联系生活实际的开放性题目，不宜过多考查机械式记忆的内容，不应该为了考查故意在一些枝节问题上设置一些障碍，让学生出错，从而形成认识误区，使学生产生物理真难学的心理，惧怕物理。对物理知识和技能的考查评价要尽量融合于物理情境中，这样有利于学生快速建立物理模型。例如，评价学生是否理解“超重、失重”，可以让学生体会电梯在上升过程中处于加速、匀速、减速运动中，人对地面压力与重力的关系，也可以让学生思考人造地球卫星在发射、进入轨道和着陆时宇航员对座位的压力与其重力的关系，或者让学生观看宇航员在宇宙飞船中的生活片段，充分体验完全失重。然后根据学习者的理解和回答，做出客观正确的评价。

2. 过程与方法的评价

在学习过程中，我们一方面要注意对学生观察理解能力、独立思考能力、提出问题的能力、设计创新能力、实验操作能力、记录和处理实验数据的能力、沟通交流能力、解决问题的能力等进行评价，另一方面要关注学生对活动是否积极参加、是否全身心投入、在活动中是如何表现的、是否取得进步，并记录好相应的情况，便于对学生前后表现进行比较。要关注学生是否主动地去学习物理，是否积极参与物理活动，是否愿意听取别人对自己提出的合理化建议，是否主动与同学交流学习心得，是否在评价过程中不断反思自己的学习过程和学习方法，并不断进行改进，是否敢于质疑，提出与别人不同的认识，是否在物理学习中遇到困难时能够积极寻求解决问题的办法，找出原因迎难而上，越挫越勇。

例如，对学生完成“测电源的电动势和内阻”探究活动进行评价时应该考虑以下几个方面。①根据所学知识设计实验动手操作的评价标准为：可否形成一个正确的电路，能否做出正确的判断，是否符合实际，是否可操作，是否是最优的方案。②观察与实验的评价标准为：能否按电路图连接成正确的电路，实验过程中操作是否规范，是否具有良好的实验习惯（如是否闭合

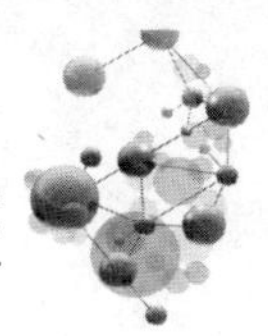

开关前检查了电路的连接、实验做完后是否整理好了实验器材等)，能否用正确的方法记录实验数据，数据处理的方法是否合适，通过实验数据能否得出正确的实验结论等。③表达与交流的评价标准为：能否与其他同学相互交流探讨，能否提出建设性的意见，能否完成实验报告，能否主动汇报交流，并且在汇报交流时清楚准确地表达实验过程和结果，并且实验结果非常准确。

3. 情感态度与价值观的评价

高中生正处于青春期，对自然现象和物理现象充满好奇心与求知欲，他们的情感、意志以及价值观等还具有不确定性和可塑性，对很多问题的认识还不全面，看法还不成熟，还需要教师进行合理的引导，从而在学习过程中逐渐形成良好的习惯和正确的价值观，并且慢慢得到强化。情感态度价值观的评价主要是对学生在各类物理课程活动中的具体表现进行综合测评，如是否积极参与，是否态度端正，实验数据的记录是否足够严谨，是否愿意学习物理课程，是否对社会生活中的物理新技术足够关注，对物理、技术与社会关系的认识等来评价学生在物理态度、情感与价值观上的变化。评价可通过学生的自我反思、学生之间的互评和教师对学生的综合评价、学生父母对学生的质性评价等相结合多元地进行。

例如，当学习宇宙速度时，给学生印制《我国和世界航天事业的发展》的文章让学生去阅读欣赏，然后让每名同学写一篇读后感，并组织全班同学进行交流。以“生活中如何节省能源”为题，写一篇社会调查，举办“科学、技术与社会”为主题的研讨会或展览。通过这些开放性的活动，在很大程度上激发了学生的学习兴趣，提高了学生学习物理的主动性，同时培养了学生对祖国、对大自然的热爱，激发了学生热爱科学、热爱生活的情感，从而使学生更多地关注科学、技术与社会的关系。通过这些活动，开阔了学生的视野，陶冶了学生的情操。在活动中还可以从学生的参与态度、参与方式、参与方案、解决问题的能力、语言表达能力、同学交往能力、接受评估的态度等各方面的具体情况对学生进行全面、合理、有效的评价。

(二) 评价主体多元化

1. 教师评价

教师要对学生各方面的表现进行仔细观察，发现其闪光点，要适度表

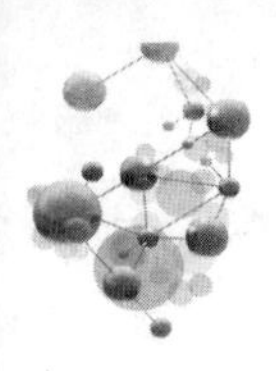

扬，充分肯定；发现其缺点与不足，要具体准确地指出不足之处以及改进的方向，评价语气要诚恳，教给学生评价的方法，引导学生了解如何评价，让学生感受到关爱。在评价时，我们教师一定要用不同的标准要求不同的学生，评价的尺子要多一点。要尊重学生差异——学习基础的差异、能力水平的差异、性别的差异等。只要学生在原有基础上有进步，哪怕是很细微的进步，如学生回答问题时比以前声音大了些、做实验比以前更认真了些、书写更规范一些等，都应该给予充分肯定，大力表扬，使学生在心理上获得成功的体验，热情高涨，向更高的学习目标前进。另外，在课堂教学中，除了要重视语言性评价，非语言性评价也不容忽视，一个满意的微笑、一个原谅的目光、一个亲切的手势，对于学生来说，都是进步的巨大动力。

2. 学生互评

学生在某些方面更需要同龄人对其表现做出评价，这种评价往往更能激发学生的上进心，形成你追我赶的学习氛围。通过学生间的相互评价可以让学生学会欣赏别人，取他山之石补己之短；可以让学生学会判断优劣，为别人提出合理化建议；还可以让学生学会倾听别人的意见，学会跟同学沟通交流。教师如果再加以恰当的指导，学生间的互评会对学生发展起到良好的促进作用。学生互评方式有好多种：可以是小组与小组之间的成果互评，可以是小组长对组员学习情况的检查，也可以是学生与学生之间的互评等。学生互评，以评促学，互动互助，双方在交流中互相激励，取长补短，也能使学生养成认真听别人讲话、互助合作的好习惯。

3. 自我评价

学生自我评价，是指学生自我认识、自我教育、自我反思、自我管理、自我调控的过程。自我评价有利于学生个性发展，使学生通过自我反思感悟，找准自己的坐标，不断激励自我去努力提升自身的综合素质和能力。因而，自我评价应该成为学生评价最主要的手段，每个学生对照评价细则进行自我检查评价、自我反思总结、自我调控改进、自我升华提高。学生通过自我反思能对自己的行为表现做出正确的判断，非常清楚地知道哪方面自己有优势，哪方面还存在问题急需解决，从而明确自己前进的目标，不断努力，从而得到更好的提高。学生的自我评价包括以下几方面内容。

(1) 学生在平日的学习过程中要随时对自己的态度、效率、方法、效果、

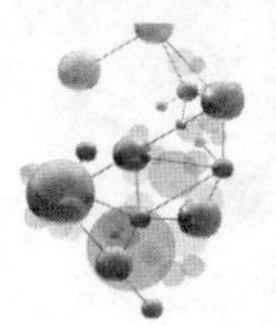

表现等进行自我反思评价，例如，通过听课可以评价自己的预习效果，通过课堂练习可以有效地评价自己上课的听课质量，通过课后作业评价自己的复习效果，通过运用知识解决问题评价自己对知识的掌握和理解情况。

（2）在复习过程中，学生对已经掌握的物理知识进行归纳总结，或者画出知识树，与课本或者学习笔记进行比较，然后再进行自我评价，及时调整策略，对没有掌握的知识点进行及时弥补。

（3）考试在一定程度上可以综合评价学生的知识掌握及其运用情况，评价学生智能发展情况等。在考试结束后，教师要认真细致地研究试题，做好考后分析，查找失分知识点，找出产生错误的真正原因及针对性的改进措施。学生要从答题心理、考查知识点、答题技巧、时间分配、知识能力等诸多方面仔细分析，吸取经验教训。只要坚持不懈，扎扎实实地进行，就一定会产生意想不到的良好学习效果。

（4）自我反思包括：哪些问题我搞明白了，哪些还有些模糊？今天上课我的听课状态还好吗？学习效率怎么样？上课的时候我开小差了吗？碰到解决不了的难题，是因为我没掌握好基础知识，还是知识的运用不够灵活？通过解决这个问题，我有哪些新的收获？

（三）评价形式多样化

物理课程采用的评价手段主要有行为观察与面谈、课题研究、书面测试、社会实践活动、写小论文、记录成长记录袋、写成长日记等方法。

（1）书面测试。书面测试在所有评价方法中最常用，包括我们平常的阶段测试和布置的书面作业等。书面测试的内容不能脱离生活实际，知识考查和能力考查并重，设计的测试题要能够引起学生的兴趣，要努力创设物理情境与生活实际相联系，测试试题要具有综合性、开放性和探究性，要能够考查学生各方面的综合素质和能力。测试也不应只以分数定高低，可以从书写、答题的规范性、审题的认真程度及一题多解等诸多方面综合评价学生，甚至可以允许自认为成绩不理想的同学经过纠错后，提出申请重新对其进行测试。

（2）行为观察与面谈。在一段时间内，对学生各方面表现进行连续观察或者直接与学生面谈，综合学生在物理课程目标达成过程中诸多方面的表

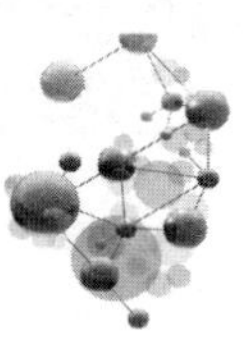

现，做出相对客观准确的评价。这种评价方法做出的评价虽然客观准确，但相对要花费较多的时间去进行，因此，只适用于对学生某一方面或在某一段时间内的表现做出评价。

(3) 课题研究。每学期让学生选择自己感兴趣的物理内容提出课题申请，根据自己选择的课题进行研究性学习，然后根据其课题研究的进程和取得的成果，对其在实验能力、查阅资料能力、交流合作能力、创造性思维能力等诸多方面进行指导和评价。

(4) 社会实践活动。物理学科的实践活动主要包括问题探究、实验探究、社会调查、科技制作、问题研讨、演讲表演、论文撰写等。实践活动评价是指对学生在实践活动过程中的表现和成果做出评价，可以通过多种方法进行，例如，通过观察、记录学生在实践活动过程中的操作能力、合作意识、参与精神、表达交流能力、语言表达能力等，还可以通过学生实践活动的成果进行评价，如作品与制作、调查报告、观察记录、实验报告、物理小感悟等进行评价。实践活动要体现开放性、多元化，提倡采用个人、小组等多种组织形式。实践活动既可以在学习过程中评价，也可以在课后或假期中单独评价。

(5) 记录成长记录袋。学生成长记录袋应当以学生本人记录为主，教师指导完善为辅，小组成员及家长共同参与，多方面、多评价主体共同记录学生在物理学习活动过程中的成长经历。袋内可以放置学生自己对物理学科的学习计划以及目标达成的期望，知识总结图表，学习方法卡片 (学完一章后的认识和体会)，考试后的小结，小组内成员之间的评价，学生本人对自己的评价，教师的评语，一些好的创意或设计，一些探究性实验方案，物理小论文，物理手抄报，参与社会调查的报告，自己满意的试卷或作业，自制实验模型或者运用物理知识制作的小制作及其照片，在校内外参加各种物理实践活动的过程记录、心得体会、实践成果等各种材料。成长记录袋真实地存放着学生学习过程中的各种有价值的材料，不仅有利于学生对自己的学习情况进行反思和改进，更能对学生产生激励作用。学生为了保存各类优秀的材料，达到升级的目的，总是尽情挖掘自己的潜力，充分表现自身的优点，朝更美好的方向不断努力攀登。而家长、教师也可以随时根据成长记录袋中的资料对学生一段时间内的学习情况进行准确全面的了解，便于从各方面综合

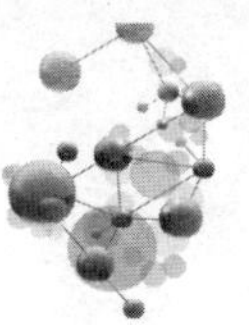

评价学生，便于用发展的眼光看到学生的进步，为今后学生的学习、教师的教学工作提供更多有效的参考依据。同时，这种评价方式还有利于学校与家长的交流，让家长也充分了解自己孩子的进步，看到自己孩子的闪光点。

多元化发展性学生评价覆盖整个学习过程，运用多种评价方式对学生的实践、探究、动手、创造和合作交流等诸多素质进行综合评价，让学生通过评价活动不断对自我进行反思，从而不断发展自我，升华自我，完成自我发展规划，优化自我多元素质的构成，做到对自己的优点继续发扬，对自己的缺点不断改进，从而达到培养健全发展的新时代人才的目的。多元发展性学生评价注重动态监控，注重对学习过程的评价，不仅关注学生原有的水平，更关注学生学习水平的提升过程，是一种真正以学生为本、注重学生成长和发展过程的符合新时代要求的学生评价。

二、多元化发展性学生评价的构建

(一) 评价体系的建构原则

多元化发展性学生评价的目的是促进学生的全面健康发展，因而对学生的评价要淡化评价的鉴别功能，强化评价的诊断与发展功能，要关注学生的个性，制定多元化的评价细则，以便对学生做出全面的、具有发展性的评价。在评价时要更加重视过程评价、质性评价与量性评价的有机结合，多对学生进行积极评价，慎重对学生进行消极评价，要充分吸收学生、家长、教师都参与进来，从而促进学生身心健康的全面发展。因此，构建多元化发展性学生评价应该遵循以下原则。

1. 全面发展的原则

这是实施多元化发展性学生评价的首要原则，评价指标要立足于学生的现状，着眼于学生发展的未来。通过评价，不同层次的学生都会发现自己在物理学习活动中的闪光点和存在的问题，从而使评价起到有效的诊断和激励作用，使各个层次的学生都有自己的努力方向，都对自己充满信心，爱学物理，会学物理。

2. 评价内容多元化原则

学生评价内容是人才培养目标的具体体现，因此，评价内容要多元化，

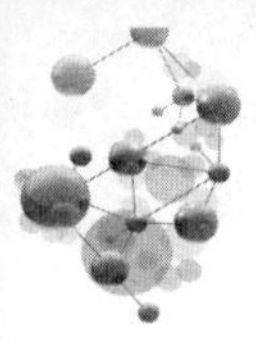

才能让学生得到更全面的发展。多元化评价内容既包括基础知识的掌握和基本技能的养成评价，还包括对过程、方法、情感、态度价值观的评价。既有对知识的评价，还有对动手、动脑创造能力的评价，对学习态度的评价，对沟通能力、合作能力的评价等，使评价内容多元化。

3. 评价主体多元化原则

多元化发展性学生评价改变过去教师是唯一评价主体的状况，使学生本身、同组同学、教师、家长等都成为评价的主体，共同参与评价，使评价更加客观准确。学生自我评价的过程是一个自我反思总结的过程，能充分发挥其主动性，调动学习的热情，有助于学生自我管理能力的提高。学生之间的评价可以有效促进学生间的沟通交流，“当局者迷，旁观者清”，学生之间的评价可以从不同角度去发现问题，使彼此间更清楚地看到自己的闪光点和存在的问题。家长主要参与质性评价，通过家长参与，可以让家长更加了解自己的孩子，看到孩子的努力和进步。家长的鼓励可以让学生更加充满自信，家长的希望可以让学生更加有前进的动力。同时，家长参与评价也增进了家长和孩子的亲情，让家长更加关心孩子，让孩子充分体会到父母对自己充满希望。

4. 评价方法多元化原则

要改变以往多用试题对学生进行测评的方案，评价方法要多元化。可以用口头表扬、观察与面谈了解、写小论文、做研究课题、制作小制作、档案袋记录等方法。当然，我们现在研究的多元化发展性学生评价还采用了升级制评价方法，通过晋级的方式让学生体会到攀登高峰的乐趣，整个高中三年就是爬了一座知识的高峰，有苦有收获，其乐无穷。

5. 质性与量化相结合原则

量化评价具有客观性强、易记录等优点，可以有效地测量学生知识的掌握，但不能全面有效地反映学生的学习情况，更无法评价在过程中展示出的学习态度、学习品质、课堂参与等情况。质性评价可有效地关注学生学习过程中的各种表现，及其进步或者存在的问题，对量化评价起到很好的补充作用。但质性评价主观性较强，不同的人对相同的事情看法可能会不同，评价结果也有可能会不同，所以我们在评价时应将质性评价与量化测评相互结合，从而对学生进行更全面、更合理的评价。

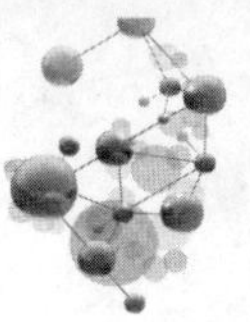

6. 发展性原则

多元化学生评价要“以人为本”，要明确评价是为了促进学生更好地完成学习目标，让学生更加喜欢学习学科知识，更加自信。因此，评价不要急功近利，不要只看得到结果，更要重视学习的过程，要立足学生的基础，看到学生的进步，立足于学生的现状，落脚于学生未来的发展。评价要让学生看到发展的过程，从而对自己充满信心，努力向前，一点一点慢慢进步。升级制的档案袋能让学生看到自己量的积累过程，看到自己的努力换来的成果，因此必然信心倍增。

7. 激励的原则

发展性评价的目的是对学生起到激励促进作用。学生是发展中的个体，存在这样、那样的不足是非常正常的事情，当发现学生身上的优点时，教师要善于抓住机会给予学生恰当的激励，其实教师的一句话、一个眼神、一个微笑有时都会对学生起到很好的鼓励作用，可以激发其强烈的学习兴趣，极大地增强其学习信心。当通过评价发现学生身上存在的问题时，也要让学生意识到不足，从而起到鞭策作用，让学生知不足而奋发。当然，评价要客观公正，不能随意表扬或者批评。

8. 及时性原则

多元化发展性评价一定要及时，一般每节课每天都要有适时的评价，每周、每个月都会及时通报升级情况及存在的问题，让学生针对评价对自己有清醒的认识，认识到自己做得好的地方以及需要改进的地方，以便及时改进，使学生时刻信心十足，奋发努力。如果反馈不够及时，那么对学生的诊断和激励作用就不会立竿见影。

(二) 多元发展性学生评价的基本程序

发展性学生评价可按照以下基本程序开展。

(1) 精心研究评价的内容及其评价目标。学科教学的所有环节都是围绕学习目标展开的，因此，对学习活动进行评价的落脚点也必然是学习目标或培养目标是否达成。学习目标是评价学生综合素质不可缺少的重要依据。在制定评价细则时，教师要明确通过物理学科教学去培养什么样的学生，在平日教学当中要有的放矢，有针对性地培养学生、评价学生。教师在设计一

节课的学案、设计一章的复习目标，甚至设计检测题时，都要把学习目标和教学内容相联系，选择合适的评价方法，制定详细的评价细则，从而有章可循，真正实现多元化发展性学生评价，达到促进学生健康发展的最终目标。

(2) 精心设计评价工具及其评价细则。研究完学习内容和相应的评价目标后，就要根据学习内容和评价目标制定详细的评价细则，这项任务是目前我们认为最难做的一项。评价方法有很多，例如，观察法，通过教师对学生的观察，学生之间相互观察，对课堂表现、课后作业等各方面进行评价；自我反思法，学生自身通过自我对照评价细则进行自我反思，自我评价。评价方法应该体现其多元化，质性评价与量化相结合，制定评价细则和评价表格时应注意：评价表格要结合学习内容，不能与学习目标相分离；评价表格要吸收多方面评价主体，要让学生本身、学生之间、教师、家长、学校等多方面因素均有所体现；评价表格中量化评价要详细，质性评价要真实有效，真正能对学生起到鞭策激励作用。评价表格的设计要人性化，要让学生感受到温暖，感受到关爱，并且从评价体系中看到自己的闪光点和存在的问题，进而充满信心，不断改进。

(3) 保存所有学生学习过程中的评价资料，不断积累，完成升级过程的学习过程评价资料包括上课用的学案，学生作业，进行的小测试，撰写的论文、课堂评价表、作业评价表、测试评价表、评价积累表，升级评价表以及所有能展示学生学习成果的文字资料、照片资料。这些珍贵的资料是评价学生的客观事实依据，要长期坚持积累。要注意进行前后比较，从而看出学生的进步或者退步，要多进行一个学生的前后比较，而不要光拿这些资料进行相互之间的比较。这些资料可以一个阶段整理一次，收入档案袋，学生可以不断拿出看一下，对自己有一个充分的认识。

(4) 结合评价，教师要合理引导，让学生不要仅仅注重量化分数，更多地要去关注积累的过程，要学会根据评价结果进行自我反思总结，找出并改进不足，教师要帮助学生制定改进措施。在分析学生优点时，教师要注意言辞，让学生从中获取信心而不骄傲；在分析学生不足时，更不要用一种上对下、责备式、命令式的语气，要让学生感受到朋友般的关爱，并且在指出不足后要帮其制定合适的改进措施，并明确期望看到的改进后的行为表现，从而让学生对不足有充分的认识，并对如何改进胸有成竹，对改进后的自己充

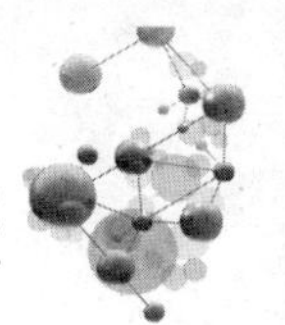

满希望。同时，要注重学生的个性，讲究策略。积极方面的评价可以公开进行，在全班同学面前进行总结表扬，但消极方面的评价最好单独交流，避免对学生造成不必要的压力。

（三）评价体系的构建

多元化发展性学生评价以“升级”制为载体，一级分为十个阶，一阶1000分。评价体系不是为了简简单单地给学生打一个冷冷的分数，更不是让学生拿自己获得的学习成果与其他人进行横向的比较，而是通过该升级制评价体系的各项评估指标及结果，让教师、家长及学生本人了解被评价者在一个阶段内的物理学习状态。对学生来说，等级是学生自己前进路上的有效参照物，拾级而上可以让学生体会到不断进步的快乐。

质性评价与量性评价相结合，学生通过各方面的表现积累分数从而升级，每攀升一个“阶”，学生本人、任课教师以及家长要对该段表现做一个质性评价，通过质性评价让学生找到自己的优势和不足，从而不断改进，攀升更高的级别。

学生不仅可以通过课堂学习、完成教师布置的作业来获得相应的分数，而且可以通过课后研究、应用学科知识完成小制作，或者撰写小论文等获得相应的奖励分数。这样可以提高学生学习物理的积极性，通过小制作可以培养学生的动手能力，使他们能够活学活用，并能在制作中体会到知识的有用，从而更加愿意学习物理。学生撰写小论文必然要参考资料，提出自己的见解，在查阅资料的过程中可以开阔学生的视野，让学生接触到更多与物理有关的知识，从而培养他们独立思考、解决问题的习惯，同时，还可以培养学生的语言表达能力，让他们学会把自己的学科见解转化成文字与更多的人交流。多元化发展性评价让学生对物理课有了期待，让每个学生都能在课堂上找到自己的位置，实现自己的价值。课后物理活动的多元化评价能让学生在从生活中发现物理知识的过程中体会到物理的奥妙，激发学生学习物理的欲望。利用升级制贯穿三年高中物理学习，使学生体会到过程的快乐和攀登高峰的激情，从而实现全程发展性学生评价。

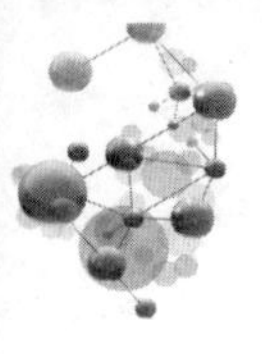

第四节　教育质量综合评价在中学物理教学中的应用研究

一、物理学科教育质量综合评价的内涵

(一) 综合评价内涵

根据教育部关于教育质量综合评价改革的总要求，结合物理学科的特点，高中物理学科评价应该涵盖以下三方面的内容。

1. 学业发展水平

(1) 知识技能。根据普通高中课程方案和《物理课程标准》等要求，评价学生对物理基础知识、基本技能的理解和掌握情况。

(2) 学科思想方法。评价学生对物理学科思想和方法的理解与掌握情况。

(3) 创新意识。评价学生创新性学习的能力。

2. 兴趣特长养成

(1) 好奇心、求知欲。学生对与物理相关的知识、事物和现象的专注、思考与探求情况，并由此产生的对物理学科的学习兴趣。

(2) 爱好特长。学生在课余生活中对物理学知识及自然科学当中与物理相关的更深奥的知识表现出的喜好、付出的努力和表现的结果。

(3) 潜能发展。学生在进行物理学科学习时展现出在这一学科上发展的潜力。

3. 学业负担状况

(1) 学习时间等。以《教育部关于当前加强中小学管理规范办学行为的指导意见》、普通高中课程方案和《物理课程标准》以及其他相关规范性文件等为指导，评价学生在上课时间、完成物理学习任务时间、补课时间、睡眠时间等方面对物理学习的影响。

(2) 课业质量及课业难度。对课业难度进行定性分析并讨论其对学生学习活动的影响。

(3) 学习压力。评价学生在学习过程中表现出的状态，以及各种情绪对物理学习的影响。

“学生发展”的现代观念认为，学生的发展绝不是对已经分散的几门学

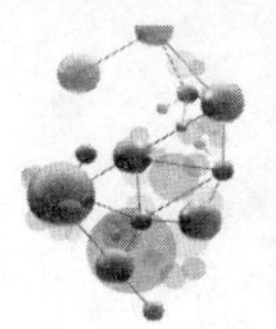

科的培养，也不仅仅是满足科学研究和专业化的需要，而是体力、智力、情感、道德等方面的综合改进，即学会认知、社交、发展、生存。学生的发展是一个和谐统一的社会化和个性化的过程，其实质是人的主体性和理想人格的形成。

对高中物理学科进行综合评价是为了使学生在学习物理学科的过程中取得全面发展。基于此，我们必须关注学生在认知过程中的每一个环节，关注学生在各方面的成长，让学生自觉形成“自主学习、自主评价”的习惯，使学生能够在良好的学习氛围中学习，从而达到提升物理教育质量的目的。物理教育质量综合评价将评价作为中学物理教学的重要一环，它强调综合评价学生综合素质的根本目的不在于识别和选择学生，而在于让学生在现有基础上寻求切实可行的能力发展方案。物理教育质量综合评价不是把以前教育评价工作取得的成绩全部推倒，而是以“科学、全面”为评价理念，融合创新，以传统评价的合理性为基础，在这基础上进行改进。

（二）综合评价的主要特征

1. 遵守课改要求，考虑到了学生综合发展的学习目标

传统意义上的目标可以说是大家对于教学活动的一种期望，综合评价里的目标是通过多方努力能够达到的一种可以量化统计并评估的标准。

首先，这两者的含义在“目标”的基础上有所不同。布卢姆等明确指出，确立教育目标不是为了表达愿望而是为了进行客观评价，具体和明确的行为目标才是可衡量的。因此，第二代评估中提到的“目标”是一个可被定量统计的目标，它是基于课程和教学计划的预定目标。至于过程中发生的事情，这不是预期的目标。即使一些具有价值的现象由于无法被定量统计，也将被排除在考虑范围之外，它太客观化、简化了。物理学科的综合评价也要遵守《物理课程标准》和新课改的要求。但是这种目标不是简单地要考多少分，而是基于对学生行为、认知、情感的综合全面发展，还考虑到学生的潜能发展。这种综合评价会考虑到方方面面，所有有价值的过程和结果都是以多视角进行观察与分析的。

其次，评价手段有发展。在布卢姆等倡导的第二代评估里，既然是可以量化的评估，也就有公式可循，但是综合评价的方法、手段是多元的，也

是灵活机动的。

最后，评估的性质存在差异。第二代评估是结果评估，而第三代评估的目的是对被评估者进行激励，使其能够进行有效的改进，它更重视被评估者的主观性、创造性。这意味着第三代评价体系将对过程进行更加细致的评估，而不是通过结果进行间接的反映。

正是物理学习发展性评价具有促进其自身发展的功能特性，才使它能够不断进步。

2. 发挥学生的主体性与评价的建构作用，实现评价主体多元化

教学改革最终还是为了培养出更优秀的学生，因此，评价也必须调动学生积极参与，并逐渐培养学生自我评价的能力。通过评价，学生自己找不足，当然这里面肯定需要教师的指导，让他们去体味评价结果，从而调整自己的学习攻略，进一步完善自己的知识、能力体系。也就是说，评价本身就是与学习融为一体，而且是学习的一个重要环节。一旦学生从评价当中享受到“红利”，从而认同了评价，他们才会不再单纯紧盯着每一次考试的成绩，他们将有机会反思他们的学习，然后才能实现目标并实现持续改进。因此，物理学习的发展评价需要使学生不再被动地接受评判，并在评价和评价的构建中发挥其主体性。当然，在开始阶段，我们不要要求他们参与评价的能动性有多强。在设计评价活动时，教师要主动与学生磋商，一方面实现自我评价，另一方面参与整体评价；要教会他们如何去使用评价工具，可以先从对自身的认知评价开始，进而再对自己的实践能力、兴趣爱好等方面进行评价。

但是有一个问题值得注意，那就是评价主体是多元化的。学生毕竟不是孤立的，他们有亲人、有同学、有朋友，还有很多为教育事业默默奉献的人。只有把与学生有密切联系的相关人员集合起来，把意见、建议和讨论放在一起，我们才能得出大家都能认同的评价结果和改进计划。只有这样，才能使评价结果更系统易懂，从而更好地发挥评价的有效性。要让多方面的力量主动参与到物理教育质量综合评价中来，评价才会有真正意义上的社会影响。同时，还要注意与其他学科的协作、沟通，使评价能达到最好的效果。

3. 关注个体差异和团队合作

高中生的人生观、价值观已经初步形成，但是由于他们来自不同的家庭，家境不一样，性格不一样，这就导致了他们对同一件事会做出不同的判

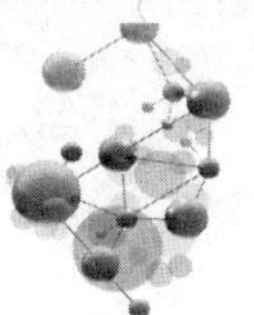

断，采取不同的行动。他们的成长速度和成长轨迹也存在差异，发展的目标也是个性化的，因此不能用简单的规则去评价每一个学生的所有言行，要充分考虑到学生的不同性格、不同基础、不同爱好，应根据学生的差异，注意每个学生的情况和需求，给予多重评估机会，确定每个学生的不同特点和发展潜力，让学生根据自己的兴趣和专业知识关注同一问题。要让学生在高中阶段提升学习物理学科的能力，就要充分尊重学生的个性发展(也要兼顾与所在团队的合作)，使他们评价结果的个体差别为“因材施教”提供最真实的信息来源。

对于个体差异，我们要做到求同存异，包容开放，去其糟粕，取其精华，帮助学生找到适合自己的学习方法。此外，还建议将团队合作评估添加进来，一来可以提升学生团队合作的能力，二来可以发挥每一个人的优势。

4. 重视结论更重视过程

传统的评估，特别是所谓的“客观性测试”，如选择题、判断题，只要求学生给出答案，但无须写明解题过程，这种方式无法使学生获得对其发展非常重要的推理过程、思维的本质、证据的应用和假设的形成。这种做法容易造成评价结果的单一性。学生更加只注重结果，而忽略是怎样得到结果，因此就谈不上过程的评价。学生在对了答案之后，可能就不太关注是怎样算出来的或是怎样推理出来的，也无法体会到努力带来成功的愉悦感，有时还反而有侥幸感，那么就无法谈学科思想的形成。这样，教师在教学过程中有时还会容易迷失方向——学生为什么会出错呢？单从结果的评价一时难以找到答案，而综合评价的一项诊断功能将会因此大打折扣。需要强调的是，评估涉及解决物理学习和数据处理、推理、判断等问题，最后使整个过程得出结论。

5. 多样化、质性的评价

量化评估既简洁又精确，可以减少主观推论，可以用计算机统计工具(如光电子阅读器、各种统计尺度等)对定量评估进行处理。因此，如标准化测试、模型测试往往因其操作简单而备受评价者的欢迎。但是，由于学生的个体差异以及其学习状态一直处在一种动态的变化当中，那么量化评估往往容易使评价结果过于简单化，甚至有时还会失去它该有的科学、严谨。这样往往会失去教育中最有意义和最根本的东西，并且把学生活泼的性格和各方

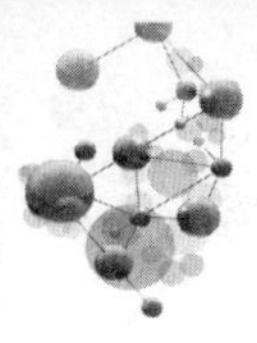

面的发展进一步抽象化，简化成一套严谨的数字，消除了其发展的鲜明性和丰富性。因此，定性评估方法自然成为评估物理学习发展的最重要方法。

鉴于量化评估的局限性，人们开始认同定性评估。它主要通过察访、访谈、描述和解释来描述教育与教育的实际情况。目的是寻求评估情况本身的改进，创造出类似情况的理想形式。在量化评估中，不推行标准化和普及化，它的基本任务是全面、真实地反映学生学到什么以及他们能做什么，如“评估组合”。定性研究作为一种新的评估范式，是定量研究的反思、批评和创新，是对量化评估的补充，而不是完全的否定。因此，从根本上说，定性研究应该固有地包括（巩固）定量研究，而不是排斥，仍然需要在适当的评估内容或方案中进行量化和评估。

6. 理论与实际的关联性

学生所处的环境、生活感知，对于他在接受物理知识并形成自己的理解是有很大影响的。过去，由于与现实生活缺乏相似性，测量和评估具有孤立问题或测试项目单薄的问题，学生在这些测试中得到的分数对他们未来生活中的表现几乎没有预测价值。物理教育的价值要能通过学生得以体现，就不能光盯着他在教室里的表现，更应该关注他走出教室后的表现，以及学生将所学知识付诸实践加以解决的能力。因此，对发展性物理教育质量的综合评估强调了评估问题的真实性和背景，促进学生去观察生活，从人们“习以为常”的生活常识、天文现象等去感知物理规律或物理概念，学会综合运用物理知识。这不仅可以使物理教育的综合评价更加有趣，而且可以改变大家之前形成的单一、分立的评价理念，让生活与知识技能的培养融合起来，以真正提高学生的理论解释能力和实际应用能力。

物理教育质量综合评价是以促进学生发展为重点。它的功能更多地体现在对教学改革的导向、对学生的激励方面。在评价方面，更注重的是评价学生在认知、技能、情感等各方面综合因素的评价。在综合评价当中，要加强师生间的互动交流，转向多学科交涉和互动，学生积极参与评价；在评价的有效性上，不能仅盯学生在学习上是否完成预定目标，更应该关注学生实现目标的过程评价。这样，综合评价真正成为从学生身上找闪光点、挖掘潜力，不断促进学生发展的重要手段。

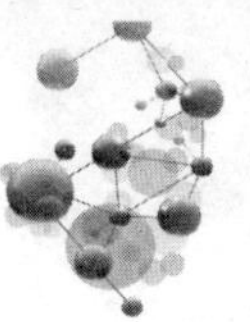

二、高中物理教学综合评价的实践策略

在前面的章节中，我们对于学生物理学习发展新评价这一理念提出的两个层面进行了剖析，这有助于我们更加深入、准确地理解这一理念的性质、目标原则、特点和功能，对将来贯彻实施这一理念具有指导意义。当然，实践是检验真理的唯一标准。这一理念的实行究竟能否达到预期，还要看实践的考验。因此，对如何实践物理学习发展性评价这一方法的探索成为本节接下来的重点。

在开始实践研究工作前，要充分与师生交流，让他们知道这个质量综合评价内容是什么，有着什么样的评价标准，对搜集到的信息如何分析，能够得出什么样的结论，能提出怎样的改进，以及信息的反馈。考虑到实验研究刚起步，这里主要先谈评价方法和工具的选择与设计，以及在实践过程中将几个评价结果作为案例分析。相信随着实验研究的深入，综合评价的思路会更清晰。

(一) 物理教育质量综合评价方法与工具的选择

物理学习发展综合性评价本着以促进每一名学生都能够全面发展为目的原则，提倡根据每一名学生的具体情况和不同的目标领域(认知、行为与情感领域) 采用相应的方式进行评价。同时，由于学生之间的心理特征、学习方式和特点都不尽相同，应采用多种不同的评价方式以保证结果的客观性和公正性。评价方法和评价工具的制定是首要任务。

1. 物理教育质量综合评价方法

物理教育质量综合评价方法多种多样。每一种评价方法的目的和过程各不相同，最终的结果也存在出入，因此，这就要求我们要根据每一名同学的实际情况，恰当地实行相应的评价方法。由于思考问题的角度不同，以及每次评价的侧重点不同，评价方法存在很多种类。

(1)“亮点表现”与“特征表现”评价。这是基于对学生教育质量进行全面评估的意图。“亮点表现”评价主要是评价学生在学习过程中或平常表现中的亮点，以及能达到的最大高度。也就是说，这种“亮点表现”评价主要是反映学生最擅长的一面。比如说，奥赛选拔、创新设计大赛就给一些学生

以亮点的表现。这种评价是建立在与学生沟通后，学生迅即付出努力，并且想方设法去完成。如果学生不接受评价方式，或者在完成过程中不得要领，那么所谓的寻找“亮点”也就大打折扣。

“特征表现”评价是评价学生在平时的学习、生活中关于物理学科习惯性的表现。比如说，学生通常是第几批次完成物理作业、平常会不会关注身边的事物、遇到困难咋办等。这种评价比较适合用在兴趣特长养成、学业负担状况等方面。当然，在实际操作过程中难度比较大。它需要教师通过多种渠道获得信息，平时也要客观冷静地观察学生在课内外的表现，同时还需要学生坦诚相待，在评价时要客观还原学生的真实学习情境。

(2) 安置性、形成性、诊断性和终结性评价。这是根据评价方式在教学过程中实施的阶段来划分的。安置性评价是在新阶段教学活动开始之前，用以了解学生是否具备了进行新阶段学习需要的知识和技能，学生的物理学习能力水平，学生的兴趣、习惯及个性特征更适合哪种教学模式等。这类评价一般是通过分析学生在此之前的日常表现、成绩等其他的以往记录来实现的。

形成性评价是在学生物理学习过程中实行的。通过单元测试、日常观察等方式，以提供学生学习状况的连续反馈，积极调整，及时发现和改正当前出现的问题。

诊断性评价是针对学生物理过程中那些反复出现的疑难问题而进行的教育质量综合评价。这是一般的形成性评价不能解决的。如某学生即便调整了学习方法，学习上还是困难重重，这就需要对其进行更全面、更细致的诊断和分析，有时甚至还需要教育学、心理学及医学专家的介入。通常，诊断性评价的技术要求更高，难度也更大，需要多种观察和专门的诊断测验的联合使用。

终结性评价是在一个学习阶段（如学期）或课程结束时进行测试，以检验学生是否达到了该阶段的学习目标。具体方法视具体的教学目标而定，如教师编制的单元测验、对各种行为表现的评价（如实验、口头报告），以及对学生作品的评分（如小论文、自制物理模型、自绘物理图表、研究报告等）。

2. 物理教育质量综合评价方法的选择

一般而言，选择评价方法要注意以下几点。

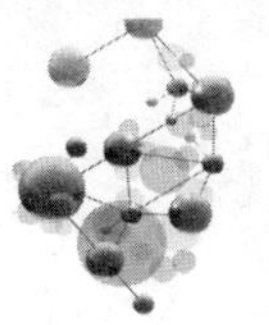

(1) 要分析评价目标的特性，这是我们选择评价方法的依据和切入点，在之前的章节已详细论述。

(2) 选择一种合适的评估方法，即选择的方法是否可以有效评估想要检查的学生的学习或发展目标。如果我们想评估“影响摩擦力大小的因素有哪些，并提出如何减小摩擦力的建议”，我们可以通过“由因溯果”或“由果溯因”的探究活动来观察和评估学生活动的能力水平与参与程度。

(3) 使用各种评估方法。对于物理学习和发展目标，当前没有任何单一的方法或工具可以完成这一评估任务。为了更加充分准确地评估学生物理学习的进展情况，需要多种评估方法配合使用。

(4) 充分认识各种评估方法的局限性。这种局限性首先来自抽样误差：我们无法对某个评估中涉及评估目标的所有问题进行全面检查，往往只选取一些样本，但在实际评估中我们只是对问题的一小部分进行评估，因此难免会出现抽样误差。严格按照测量程序提高提取问题的典型性和代表性，有效减少抽样误差。还有一种局限性来自评估中的随机因素，如多项选择题中的猜测、短文问题评分中的主观性、观察工具的错误选择以及自我报告中的不一致反应 (如态度尺度)，这可能导致进行评估结果与事实有偏差。因此，一方面，我们必须谨慎使用评估方法；另一方面，我们必须正确看待分数，由于差异，我们不能为学生分级。

然而，这些局限性并没有完全抹杀评估方法的价值，只是在使用过程中我们必须意识到它们的局限性，要合理且谨慎使用。

3. 选择好物理教育质量综合评价工具

评价的主要目的是得到有利于促进教学发展和学生成长的综合信息。要想成功地从综合评价中得到有效信息，必须选择合适的方法和稳妥的设计细节。这要求我们仔细设计评估目标并准确描述评估目标，仔细设计评估任务和评估方法、评估工具，以便它们能够有效评估我们要检查的实际学习和发展目标。

(1) 试卷检测。

试卷检测可评估学生的学习成果，可以从不同角度评估学习者的掌握程度，如基础知识掌握、应用能力、创新能力等。另外，在中学测试的学生也比较多，评估效率也很高。笔试特别适合对认知领域相关内容进行量化评

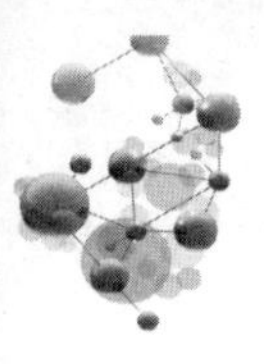

估。因此，试卷检测通常作为各科教学质量综合评价最常用的手段。然而，从试卷检测的结果并不能反映学生在学科学习时表现出的品质、能力、记忆等方面的不同，对于前面提到的综合目标也是望尘莫及。

试卷检测评估学生物理学习条件的关键是物理问题的设计。物理作为一门理工科目，其评估问题的设计应尽可能建立在理论与实际相结合的基础上，问题的类型应该多样化，且必须有测试题来测试学生的记忆和认知的物理知识与基本技能，还要能够通过测试题来检测学生各方面的综合能力以及思维敏捷程度。在实验题和计算解答题的选择上，要有一定的比例是与生产、生活情景相切入的，让学生能够发散思维，根据自己的兴趣和特点做出不同的反应，从而提高学生的创新水平和分析实际情景的能力，而不仅仅只局限于学会甚至是背诵课本上的死知识。在考试中应充分考虑考生的心理问题，注意难度、梯度。

以下部分主要讨论物理测试问题的主要类型以及它们应特别注意的地方。

①选择题的设计。物理测试中常见的客观性问题是选择题和填空题。由于简答题的限制性（甚至是独特的）和客观性，常常将其分类为客观问题。各科都有选择题，但是考查方向不尽相同，学生普遍会感觉到物理的选择题要难做一点。在物理测试中常见的是单项选择题和多项选择题等。应特别注意干扰项目的设计。干扰项通常能够准确地反映学生学习过程中容易犯的典型错误，因为其具有迷惑性。通常选项中如果有诸如“一定”“所有”“决不”“总是”等词，都是干扰项或错误选项。

②物理主观问题的设计。对于高中物理来讲，主观题主要以实验题、计算解答题的形式出现。在一些重在考查综合思维能力的试卷里，会出现开放性问题，像计算解答中的过程开放性问题、实验课程中的实验设计类题目等。

主观性问题的汇编应注意：结合实际情况，选择合适的材料，不应该出现学生硬套公式就可以做出来，或者记住基本实验步骤就可以得分的问题。要牢记我们的检测是为了全面检测学生的综合能力。在条件允许的情况下，教师要准备一些开放性或创设性的问题，关键是过程不唯一，更有利于学生发散性思维的培养和提高，答案的复杂性应该与学生的成熟度（现实）相称。

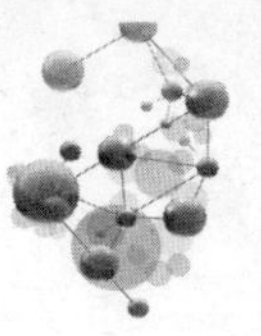

③汇编主客观材料情景问题。对于旨在考查学生更高能力的题目，可以把问题放置于一个特定的背景中，其内容是丰富多元的，可以用文字去描述一个场景，可以用公式去阐述一个规律，也可以用图像去描绘量与量之间的关系。它同时具备客观和主观测试问题的特点，具有跨度大、功能齐全、提问形式多样等优点。特别是跨学科综合材料状况问题的出现，使其成为物理测试中非常重要的问题。

材料情景题出题时应注意以下问题。

第一，整个检测应该突出一个明显的主题，不要太深奥。学生拿到题目后，可以抽丝剥茧地、逐个击破地把问题解决，以反映特定物理学专题知识的掌握程度。

第二，所选材料情景题首先应遵循《物理课程标准》和考试大纲，其次要符合开始设计试卷时的考核标准或者考核期望。材料的选择是灵活的，可以由其他情景衍生而来，关键是要把握其中的信息量和难易程度，还不能与课本知识相差太远。

第三，要多想想如何设计丰富的情景材料，比如说，工厂的生产情景、天体运行的情景、生活中的力学或电学有关的情景。材料的选择可以考虑开阔学生视野，比如量子论内容，也可以考虑学生熟悉的情景。对材料的表达也要有一个要求，既要言简意赅，又要准确表达含义。这样学生就敢于接触，也有利于培养学生的物理学科思想并挖掘学生的学科潜能。

第四，抛出来的问题形式可以灵活多变，即使是提问同一个问题，也可以换个方式阐述，重在考查学生对于所学知识灵活掌握的程度，而且注意从易到难、由浅入深地把握梯度，以确保问题的区分。

总之，在物理教学的综合评价中，试卷检测主要的目的还是从学生回答问题情况得到学生具体学习状态的反映，而不是来比谁得的分高，旨在有针对性地进行修正和优化，养成良好的学习习惯，形成合理的思维习惯，所以建议在试卷中增加开放性试题的分量。

(2) 查视法。

查视法与之前一些专家提到的观察法不同，它要求学生在通过视觉感知周围事物环境的同时，用自己所学知识“巡查”其中包含的科学原理。常用的方法如下。①随意查视。随意查视是指在没有任何提示下，学生出于自觉心理对周围事物的查视。②抽样查视。对不固定的事物或对象，查视其内含科学因素，这个不一定限制在物理学科，涉及学生所学学科都可以，也可以在不固定的时间节点对固定的对象进行查视，找出其因时而变化的规律。③机制查视。建立一种长效机制，培养学生对周围事物敏锐的观察力。

较之于试卷检测法，查视法显得更加便捷可行。它既可以培养学生在第一时间感知周围事物，又可以让学生养成动脑思考问题的习惯，使所学知识与实际相联系，在培养学生学科兴趣方面有其独到的优势，但是要注意如下事项。①不能作为非完成不可的作业去布置，对于有些学生可以适当提醒。尽量让学生在一种相对宽松的环境中完成，否则又从另外一个方面让学生感受到学习的压力。②要精心准备。做到有计划、有方案、有步骤、有结果（心得），并能逐渐形成一种习惯。③记录要及时。要力争将自己查视到的事物原原本本地记录下来。

结束语

以往的高中物理教学形式是将物理知识点作为中心进行教学，然而，这种传统的物理教学形式早已无法适应当前的教育形势。因此，新课标物理教学改革对当前的高中物理教学提出培育学生核心素养的全新要求，要求学校在教授高中生物理知识时将培育学生核心素养的内容融入其中。基于此，通过分析高中物理教学改革的尝试与思考，提出以下解决策略。

(一) 实施多元教学导入，激发学习兴趣

导入是课堂教学的开端，如果教师忽略了导入环节的设置，直接对学生讲解物理知识，就很难吸引学生的注意力。因此，高中物理教师要重视课堂教学导入的设置。具体来说，教师需根据《物理课程标准》、教学大纲和新课内容来设计导入的内容，并利用问题创设、故事讲解、游戏开展、组织竞赛、播放歌曲等多元化的方法来实现课堂教学的导入，从而引出课堂教学内容，激发学生的好奇心，增强学生对新课学习的兴趣，使他们主动进入课堂学习。

(二) 小组合作探究自主学习

融洽的师生关系能让学生身心愉悦，敞开心扉地学习。在物理教学过程中，教师可以开展一些富有创造性的活动来活跃课堂教学气氛，在学生尊重教师的同时要允许学生犯错误。例如，在讲解切割磁感线运动时，可以中途提问学生："已知磁场和导线运动方向，怎么确定导线中的电流方向?"此时，教师应该给学生留有思考的时间，随后进行提问，学生回答错误也应积极鼓励，引导学生积极思考，进而为课堂教学实验奠定基础，激发学生的自主学习能力和学习兴趣。将枯燥的理论知识加工成有趣的课堂教学互动与实践，从而降低教学难度，促使学生自主学习，顺应教学改革的步伐。物理课

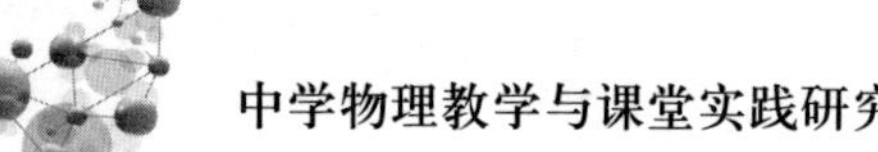

堂可以以小组的形式进行，学生在小组模式下自行讨论远比一个人自主学习思考的方式有效果。学生之间互相沟通，培养良好的学习习惯，改变了传统教学方式中以教师为中心、学生被动接受知识的局面。

（三）强化高中物理教学与信息技术相结合

多媒体教学设施广泛地应用于教学当中，对于高中物理学科教学改革发展有着非常重要的意义。因此，把现代信息技术和高中物理教学有效地结合在一起是非常有必要的，也是高中物理教育领域未来发展的必然趋势。高中物理教师一定要具备运用信息技术的能力，并学会在规划教学活动内容时合理地融入信息技术，改善物理的课堂教学环境，在活跃的课堂教学氛围和积极的师生交流中全面提升学生的物理水平。

参考文献

[1] 周兆富 . 中学物理教学研究 [M]. 西安：陕西科学技术出版社，2021.

[2] 钟及龙 . 核心素养培养与中学物理教学 [M]. 重庆：重庆大学出版社，2018.

[3] 于文高，陈浩 . 中学物理教学设计与案例分析 [M]. 苏州：苏州大学出版社，2018.

[4] 张军朋 . 中学物理教学设计 [M]. 广州：广东教育出版社，2022.

[5] 何赛君，李展华，刘堂锦，等 . 深度学习探究以高中物理为例 [M]. 杭州：浙江科学技术出版社，2022.

[6] 孔永吉 . 物理创新性教学与高效课堂 [M]. 长春：吉林人民出版社，2022.

[7] 石涛 . 情境源于生活高中物理情境化教学之我见 [M]. 长春：吉林人民出版社，2022.

[8] 黄洪才 . 基于核心素养的中学物理课堂教学 [M]. 长沙：湖南师范大学出版社，2021.

[9] 杨昌彪 . 高中物理教学设计 [M]. 成都：西南交通大学出版社，2021.

[10] 麦建华，袁勇 . 高中物理合作学习 [M]. 成都：西南交通大学出版社，2021.

[11] 瞿永明 . 高中物理课程教学的思考与创新 [M]. 长春：吉林人民出版社，2021.

[12] 权大哲 . 中学物理教学理论与实践创新研究 [M]. 长春：吉林大学出版社，2020.

[13] 王家山 . 高中物理教学与解题研究 [M]. 上海：上海社会科学院出

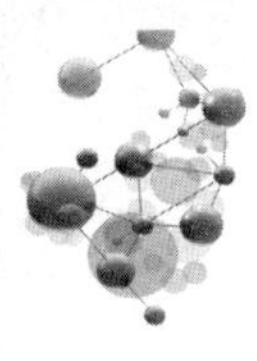

版社，2020.

[14] 冯连奎 . 中学物理教学策略的优化与创新 [M]. 济南：山东科学技术出版社，2020.

[15] 张玉峰 . 高中物理概念学习进阶及其教学应用研究 [M]. 南宁：广西教育出版社，2020.

[16] 薛昭敏 . 基于 STEM 教育理念的高中物理教学实践研究 [D]. 延安：延安大学，2022.

[17] 闵文静 . 基于 STEM 理念下的高中物理教学模式与教学质量评价研究 [D]. 汉中：陕西理工大学，2022.

[18] 李世伟 . 基于 PBL 的高中物理教学设计研究 [D]. 洛阳：洛阳师范学院，2022.

[19] 赵新 .STSE 教育理念在高中物理教学中的应用研究 [D]. 大连：辽宁师范大学，2022.

[20] 刘璇 . 融入 HPS 理念的高中物理教学策略研究 [D]. 大连：辽宁师范大学，2022.

[21] 王明月 . 基于物理核心素养的高中物理教学设计研究 [D]. 南昌：江西科技师范大学，2020.

[22] 周盼 . 基于 STEM 教育理念的高中物理教学设计及实践研究 [D]. 西安：陕西师范大学，2020.

[23] 刘婵娟 . 基于深度学习的高中物理教学策略实践研究 [D]. 福州：福建师范大学，2020.

[24] 林书缘 . 高中物理教学中融入物理文化的实践研究 [D]. 延吉：延边大学，2020.

[25] 尤燕 . 高中物理体验式教学策略研究 [D]. 大连：辽宁师范大学，2020.

[26] 周金金 . 基于合作探究下高中物理教学情感态度价值观目标达成的教学策略 [D]. 苏州：苏州大学，2018.

[27] 唐秋梅 . “互联网 +” 教育背景下高中物理教学的策略研究 [D]. 南充：西华师范大学，2018.

[28] 陈乔惠 . 有效教学策略运用于高中物理课堂的实践研究 [D]. 苏州：

苏州大学，2018.
[29] 黄丽娥 . 高中物理课堂有效教学的研究 [D]. 福州：福建师范大学，2013.
[30] 李红 . 基于核心素养的高中物理课堂教学方法及创新探析 [J]. 科学咨询（教育科研），2022（12）：167-169.
[31] 张秀平 . 探析深度学习理念下的高中物理教学 [J]. 华夏教师，2022（33）：55-57.
[32] 何剑锋 . 基于核心素养的高中物理教学探析 [J]. 教师教育论坛，2022，35（6）：93.
[33] 黄斌发 . 指向深度学习的高中物理教学策略探索 [J]. 国家通用语言文字教学与研究，2022（4）：60-62.
[34] 王倩，雷洁红，梅红雨 . 高中物理教学中促进学生深度学习策略的探索 [J]. 广西物理，2022，43（1）：162-164.
[35] 李建中 . 关于合作学习在高中物理教学中应用的理论和实践研究 [J]. 科技风，2022（6）：43-45.
[36] 马文华 ."互联网 +" 下高中物理课堂的教学策略 [J]. 科学咨询（教育科研），2021（7）：172-173.
[37] 李永伟 . 浅谈探究式教学在高中物理教学中的实施策略 [J]. 现代农村科技，2021（5）：80.
[38] 李勃 . 提升高中物理教学有效性的策略研究 [J]. 科学咨询（教育科研），2021（3）：279-280.
[39] 王伟君 . 互联网环境下的高中物理教学方式探析 [J]. 中国新通信，2021，23（3）：204-205.
[40] 王伟君 . 多媒体技术在高中物理教学中的应用 [J]. 中国新通信，2021，23（2）：198-199.
[41] 徐青云 . 高中物理教学中创设问题情境的策略解读 [J]. 农家参谋，2020（12）：196.
[42] 魏娟 . 基于核心素养背景下的高中物理教学探析 [J]. 才智，2020（10）：75.